Indijos Aromatai

Tradiciniai Indiški Receptai

Priya Patel

Turinys

užpildytas baklažanas 17
    Ingridientai 17
    metodas 17
Sarsonas ka Saagas 18
    Ingridientai 18
    metodas 19
Shahi Paneer 20
    Ingridientai 20
    metodas 21
Tandoori bulvės 22
    Ingridientai 22
    metodas 22
kukurūzų karis 24
    Ingridientai 24
    metodas 25
Žaliųjų pipirų masala 26
    Ingridientai 26
    metodas 27
Moliūgas be aliejaus 28
    Ingridientai 28
    metodas 28
Okra su jogurtu 29
    Ingridientai 29

metodas 30
Kepta Karela 31
   Ingridientai 31
   metodas 32
Kopūstai su žirneliais 33
   Ingridientai 33
   metodas 33
Bulvės pomidorų padaže 34
   Ingridientai 34
   metodas 34
Nužudyk Palaką 35
   Ingridientai 35
   metodas 36
Masala kopūstai 37
   Ingridientai 37
   metodas 38
Baklažanų karis 39
   Ingridientai 39
   metodas 40
Simla Mirchka Bharta 41
   Ingridientai 41
   metodas 42
Greitas moliūgų karis 43
   Ingridientai 43
   metodas 43
Kaala Chana Curry 44
   Ingridientai 44

metodas 45
Kaline 46
   Ingridientai 46
   metodas 47
Tandoori žiediniai kopūstai 48
   Ingridientai 48
   metodas 48
Aštri Kaala Chana 49
   Ingridientai 49
   metodas 50
Tur Dhal Kofta 51
   Ingridientai 51
   metodas 51
Šahi žiedinis kopūstas 52
   Ingridientai 52
   metodas 53
Gojju okra 54
   Ingridientai 54
   metodas 54
Jamas žaliame padaže 55
   Ingridientai 55
   Padažui: 55
   metodas 56
Simla Mirchki Sabzi 57
   Ingridientai 57
   metodas 58
Žiedinių kopūstų karis 59

Ingridientai 59
metodas 60
Haq 61
Ingridientai 61
metodas 62
džiovintų žiedinių kopūstų 63
Ingridientai 63
metodas 63
daržovių korma 64
Ingridientai 64
metodas 65
Keptas baklažanas 66
Ingridientai 66
Marinatui: 66
metodas 66
raudonųjų pomidorų karis 67
Ingridientai 67
metodas 68
Curry Aloo Matar 69
Ingridientai 69
metodas 70
Badshahi Baingan 71
Ingridientai 71
metodas 72
Bulvės garam masala 73
Ingridientai 73
metodas 73

Tamilų korma ... 74
- Ingridientai ... 74
- Prieskonių mišiniui: ... 74
- metodas ... 75

Džiovinkite baklažanus su svogūnais ir bulvėmis ... 76
- Ingridientai ... 76
- metodas ... 76

Koftas Lajawabas ... 78
- Ingridientai ... 78
- Dėl koftų: ... 78
- metodas ... 79

Teekha Baingan Masala ... 80
- Ingridientai ... 80
- metodas ... 80

daržovių kofta ... 81
- Ingridientai ... 81
- metodas ... 82

džiovintas moliūgas ... 83
- Ingridientai ... 83
- metodas ... 83

Daržovių mišiniai su ožragėmis ... 84
- Ingridientai ... 84
- metodas ... 85

Dum Gobhi ... 86
- Ingridientai ... 86
- metodas ... 86

chole ... 87

Ingridientai 87

metodas 88

Baklažanų karis su svogūnais ir bulvėmis 90

Ingridientai 90

metodas 91

Paprastas butelis moliūgas 92

Ingridientai 92

metodas 92

Sumaišytas daržovių karis 93

Ingridientai 93

metodas 94

Džiovintų daržovių mišiniai 95

Ingridientai 95

metodas 96

Sausos bulvės ir žirniai 97

Ingridientai 97

metodas 97

Dokaras Dhalna 98

Ingridientai 98

metodas 99

Aštrūs bulvių traškučiai 100

Ingridientai 100

metodas 100

Moliūgas su virta gramu 101

Ingridientai 101

metodas 102

Kvailas aloo 103

Ingridientai 103

Dėl pastos: 103

metodas 104

Daržovių Makkhanwala 105

Ingridientai 105

metodas 106

Prancūziškos pupelės su mung dhal 107

Ingridientai 107

metodas 107

Aštrios bulvės su jogurtiniu padažu 108

Ingridientai 108

metodas 109

Įdarytos žaliosios paprikos 110

Ingridientai 110

metodas 111

Doi Phulkopi Aloo 112

Ingridientai 112

metodas 113

Žalieji pipirai su bezanu 114

Ingridientai 114

metodas 114

Baklažanai su žirneliais 116

Ingridientai 116

metodas 117

Bandakopir Ghonto 118

Ingridientai 118

metodas 119

Dal Buchara ... 120
    Ingridientai ... 120
    metodas ... 121
Methi Dahal ... 122
    Ingridientai ... 122
    Prieskoniams: ... 123
    metodas ... 123
malajų koftas ... 124
    Ingridientai ... 124
    Dėl koftų: ... 125
    metodas ... 125
Aloo Palak ... 127
    Ingridientai ... 127
    metodas ... 128
Dum ka Karela ... 129
    Ingridientai ... 129
    Įdarui: ... 129
    Prieskoniams: ... 130
    metodas ... 130
Navratna karis ... 132
    Ingridientai ... 132
    Prieskonių mišiniui: ... 133
    metodas ... 133
Sumaišyta daržovių kofta pomidorų karyje ... 135
    Ingridientai ... 135
    Dėl kario: ... 135
    metodas ... 136

Muthias baltame padaže 137
    Ingridientai 137
    Dėl Muthias: 138
    metodas 138
rudasis karis 139
    Ingridientai 139
    metodas 140
deimantinis karis 141
    Ingridientai 141
    Prie deimantų: 141
    metodas 142
daržovių troškinys 143
    Ingridientai 143
    metodas 144
Grybų žirnių karis 145
    Ingridientai 145
    metodas 146
Navratan Korma 147
    Ingridientai 147
    metodas 148
Sindhi Sai Bhaji* 149
    Ingridientai 149
    metodas 150
Nawabi burokėliai 151
    Ingridientai 151
    metodas 152
Baghara Baingan 153

Ingridientai 153
metodas 154
Garuose virtų morkų kofta 155
Ingridientai 155
Dėl koftos: 155
Dėl pastos: 156
metodas 157
dhingri shabnam 158
Ingridientai 158
Įdarui: 158
Padažui: 158
metodas 159
Xacutti grybas 161
Ingridientai 161
metodas 162
Paneris ir kukurūzų karis 163
Ingridientai 163
metodas 164
Basantas Baharas 165
Ingridientai 165
Padažui: 166
metodas 166
Palak Kofta 168
Ingridientai 168
Dėl koftos: 168
Padažui: 168
metodas 169

Kofta kopūstas 171
    Ingridientai 171
    Dėl koftos: 171
    Padažui: 171
    metodas 172
kootto 173
    Ingridientai 173
    metodas 174
Paneer butter masala 175
    Ingridientai 175
    Padažui: 175
    metodas 176
Moras Kolambu 178
    Ingridientai 178
    Prieskonių mišiniui: 178
    metodas 179
Aloo Gobhi aur Methi ka Tuk 180
    Ingridientai 180
    metodas 181
Paukštis 182
    Ingridientai 182
    metodas 183
Pasukų karis 184
    Ingridientai 184
    metodas 185
Žiedinių kopūstų kremas su kariu 186
    Ingridientai 186

metodas 187
žirnių naudojimas 188
   Ingridientai 188
   metodas 189
Aloo Posto 190
   Ingridientai 190
   metodas 190
Žalia Vėmimas 191
   Ingridientai 191
   metodas 192
nužudyti Paneer 193
   Ingridientai 193
   metodas 194
Dahi Karela 195
   Ingridientai 195
   metodas 196
Pomidorų karis su daržovėmis 197
   Ingridientai 197
   metodas 197
Doodhi su Chana Dhal 198
   Ingridientai 198
   metodas 199
Pomidorų Chi Bhaji* 200
   Ingridientai 200
   metodas 201
džiovintos bulvės 202
   Ingridientai 202

metodas 202
Įdaryta okra 204
    Ingridientai 204
    metodas 204
Masala okra 206
    Ingridientai 206
    metodas 206
tiesiog nužudyk 207
    Ingridientai 207
    metodas 208
Žaliosios pupelės 209
    Ingridientai 209
    metodas 209
Masala blauzdelės 210
    Ingridientai 210
    metodas 211
Sausos aštrios bulvės 212
    Ingridientai 212
    metodas 213
Khatte Palak 214
    Ingridientai 214
    metodas 215

užpildytas baklažanas

4 asmenims

Ingridientai

10 mažų baklažanų

1 didelis svogūnas, smulkiai pjaustytas

3 šaukštai tarkuoto šviežio kokoso

1 arbatinis šaukštelis maltų kmynų

1 arbatinis šaukštelis čili miltelių

50 g kalendros lapelių, susmulkintų

1 citrinos sultys

Druska pagal skonį

3 šaukštai rafinuoto augalinio aliejaus

metodas

- Ant vieno baklažano galo peiliu padarykite kryžių ir supjaustykite, o kitą galą palikite nenupjautą. Padėkite į šalį.

- Sumaišykite likusius ingredientus, išskyrus aliejų. Užpildykite šį mišinį supjaustytais baklažanais.

- Keptuvėje įkaitinkite aliejų. Suberkite baklažanus ir kepkite ant vidutinės ugnies 3-4 minutes. Uždenkite ir virkite 10 minučių, karts nuo karto baklažanus atsargiai apversdami. Patiekite karštą.

Sarsonas ka Saagas

(garstyčių padaže)

4 asmenims

Ingridientai

3 šaukštai rafinuoto augalinio aliejaus

100 g garstyčių žalumynų, susmulkintų

200 g smulkiai pjaustytų špinatų

3 žalios paprikos, supjaustytos išilgai

1 cm imbiero šaknis, supjaustyta julienne

2 česnako skiltelės, susmulkintos

Druska pagal skonį

250 ml vandens

2 šaukštai ghi

sviesto lašas

metodas

- Puode įkaitinkite aliejų. Sudėkite garstyčias, špinatus ir žaliąsias čili. Kepkite juos ant vidutinės ugnies minutę.

- Įpilkite imbiero, česnako, druskos ir vandens. Gerai ismaisyti. Virkite 10 minučių ant silpnos ugnies.

- Mišinį sutrinkite trintuvu iki vientisos masės.

- Sudėkite į puodą ir virkite ant vidutinės ugnies 15 minučių.

- Papuoškite sviestu. Patiekite karštą.

Shahi Paneer

(paneris sodriame padaže)

4 asmenims

Ingridientai

4 šaukštai rafinuoto augalinio aliejaus

500g / 1lb 2oz paneler*, Sukapotas

2 dideli svogūnai, sumalti į košę

1 arbatinis šaukštelis imbiero pastos

1 arbatinis šaukštelis česnako pasta

1 arbatinis šaukštelis čili miltelių

300 gramų pomidorų tyrės

200 g jogurto, išplakto

250 ml / 8 fl oz skystas kremas

Druska pagal skonį

metodas

- Puode įkaitinkite 1 valgomąjį šaukštą aliejaus. Pridėkite plokštės gabalėlius. Kepkite juos ant vidutinės ugnies iki auksinės rudos spalvos. Nusausinkite ir laikykite.

- Į tą pačią keptuvę supilkite likusį aliejų. Sudėkite svogūnus, imbiero pastą ir česnako pastą. Pakepinkite minutę. Įdėkite panelę ir likusius ingredientus. Troškinkite 5 minutes, retkarčiais pamaišydami. Patiekite karštą.

Tandoori bulvės

4 asmenims

Ingridientai

16 didelių bulvių, nuluptų

Rafinuotas augalinis aliejus kepimui

3 šaukštai smulkiai pjaustytų pomidorų

1 valgomasis šaukštas kapotų kalendros lapelių

1 arbatinis šaukštelis garam masala

100 g tarkuoto čederio sūrio

Druska pagal skonį

2 citrinų sultys

metodas

- Išimkite bulves. Rezervuokite minkštimą ir tuščiavidures dalis.

- Keptuvėje įkaitinkite aliejų. Sudėkite tuščiavidures bulves. Kepkite juos ant vidutinės ugnies iki auksinės rudos spalvos. Padėkite į šalį.

- Į tą patį aliejų sudėkite nuskintas bulves ir visus likusius ingredientus, išskyrus citrinos sultis. Troškinkite ant silpnos ugnies 5 minutes.

- Šiuo mišiniu įdarykite tuščiavidures bulves.

- Įdarytas bulves kepkite 200°C orkaitėje (400°F, dujų žyma 6) 5 minutes.

- Bulves apšlakstykite citrinos sultimis. Patiekite karštą.

kukurūzų karis

4 asmenims

Ingridientai

1 didelė bulvė, virta ir sutrinta

500 gramų pomidorų tyrės

3 šaukštai rafinuoto augalinio aliejaus

8 kario lapeliai

2 šaukštai pupelių*

1 arbatinis šaukštelis imbiero pastos

½ arbatinio šaukštelio ciberžolės

Druska pagal skonį

1 arbatinis šaukštelis garam masala

1 arbatinis šaukštelis čili miltelių

3 arbatinius šaukštelius cukraus

250 ml vandens

4 kukurūzų burbuolės, kiekviena supjaustyta į 3 dalis ir išvirti

metodas

- Bulvių košę gerai išmaišykite su pomidorų tyre. Padėkite į šalį.

- Puode įkaitinkite aliejų. Sudėkite kario lapelius. Leiskite jiems traškėti 10 sekundžių. Įpilkite besan imbiero pastos. Kepkite ant silpnos ugnies iki auksinės rudos spalvos.

- Sudėkite bulvių ir pomidorų mišinį ir visus likusius ingredientus, išskyrus kukurūzus. Virkite ant silpnos ugnies 3-4 minutes.

- Sudėkite kukurūzų gabalėlius. Gerai ismaisyti. Virkite ant silpnos ugnies 8-10 minučių. Patiekite karštą.

Žaliųjų pipirų masala

4 asmenims

Ingridientai

1½ šaukšto rafinuoto augalinio aliejaus

1 arbatinis šaukštelis garam masala

¼ arbatinio šaukštelio ciberžolės

½ arbatinio šaukštelio imbiero pastos

½ arbatinio šaukštelio česnako pastos

1 didelis svogūnas, smulkiai pjaustytas

1 pomidoras, smulkiai pjaustytas

4 didelės žaliosios paprikos, susmulkintos

125 g jogurto

Druska pagal skonį

metodas

- Puode įkaitinkite aliejų. Įpilkite garam masala, ciberžolės, imbiero pastos ir česnako pastos. Šį mišinį kepkite ant vidutinės ugnies 2 minutes.

- Sudėkite svogūną. Kepkite iki skaidrumo.

- Įpilkite pomidorų ir žaliųjų pipirų. Kepkite 2-3 minutes. Įpilkite jogurto ir druskos. Gerai ismaisyti. Virkite 6-7 minutes. Patiekite karštą.

Moliūgas be aliejaus

4 asmenims

Ingridientai

500 g / 1 svaras 2 uncijų butelinis moliūgas*, nulupti ir susmulkinti

2 pomidorai, smulkiai pjaustyti

1 didelis svogūnas, smulkiai pjaustytas

1 arbatinis šaukštelis imbiero pastos

1 arbatinis šaukštelis česnako pasta

2 smulkiai pjaustytos žalios paprikos

½ arbatinio šaukštelio maltos kalendros

½ arbatinio šaukštelio maltų kmynų

25 g kalendros lapelių, smulkiai pjaustytų

120 ml vandens

Druska pagal skonį

metodas

- Sumaišykite visus ingredientus kartu. Virkite puode ant mažos ugnies 20 minučių. Patiekite karštą.

Okra su jogurtu

4 asmenims

Ingridientai

3 šaukštai rafinuoto augalinio aliejaus

½ arbatinio šaukštelio kmynų

500 g okra, susmulkinta

½ arbatinio šaukštelio čili miltelių

¼ arbatinio šaukštelio ciberžolės

2 žalios paprikos, supjaustytos išilgai

1 arbatinis šaukštelis imbiero, supjaustyto juostelėmis

200 gramų jogurto

1 arbatinis šaukštelis Kissan*, ištirpinta 1 valgomajame šaukšte vandens

Druska pagal skonį

1 valgomasis šaukštas smulkiai pjaustytų kalendros lapelių

metodas

- Puode įkaitinkite aliejų. Suberkite kmynų sėklas. Palikite 15 sekundžių.

- Įpilkite okra, čili miltelių, ciberžolės, žalios paprikos ir imbiero.

- Troškinkite ant silpnos ugnies 20 minučių, retkarčiais pamaišydami.

- Įpilkite jogurto, pupelių mišinio ir druskos. Virinama 5 minutes.

- Papuoškite okra kalendros lapeliais. Patiekite karštą.

Kepta Karela

(Keptas kartaus moliūgas)

4 asmenims

Ingridientai

4 vidutiniai kartūs moliūgai*

Druska pagal skonį

1½ šaukšto rafinuoto augalinio aliejaus

½ arbatinio šaukštelio garstyčių sėklų

½ arbatinio šaukštelio ciberžolės

½ arbatinio šaukštelio imbiero pastos

½ arbatinio šaukštelio česnako pastos

2 dideli svogūnai, smulkiai pjaustyti

½ arbatinio šaukštelio čili miltelių

¾ arbatinio šaukštelio rudojo cukraus*, tarkuotas

metodas

- Karčiuosius moliūgus nulupkite ir perpjaukite išilgai pusiau. Išmeskite sėklas ir plonai supjaustykite kiekvieną pusę. Įpilkite druskos ir palikite pastovėti 20 minučių. Išspauskite vandenį. Vėl atidėkite į šalį.
- Puode įkaitinkite aliejų. Sudėkite garstyčių sėklas. Palikite 15 sekundžių.
- Sudėkite likusius ingredientus ir kepkite ant vidutinės ugnies 2-3 minutes. Įpilkite karčiojo moliūgo. Gerai ismaisyti. Virkite 5 minutes ant silpnos ugnies. Patiekite karštą.

Kopūstai su žirneliais

4 asmenims

Ingridientai

1 valgomasis šaukštas rafinuoto augalinio aliejaus

1 arbatinis šaukštelis garstyčių sėklų

2 žalios paprikos, supjaustytos išilgai

¼ arbatinio šaukštelio ciberžolės

400 g kopūstų, smulkiai sutarkuotų

125 g šviežių žirnelių

Druska pagal skonį

2 šaukštai tarkuoto kokoso

metodas

- Puode įkaitinkite aliejų. Sudėkite garstyčių sėklas ir žalius čili. Palikite 15 sekundžių.
- Sudėkite likusius ingredientus, išskyrus kokosą. Virkite 10 minučių ant silpnos ugnies.
- Sudėkite kokosą. Gerai ismaisyti. Patiekite karštą.

Bulvės pomidorų padaže

4 asmenims

Ingridientai

2 šaukštai rafinuoto augalinio aliejaus

1 arbatinis šaukštelis kmynų

žiupsnelis asafetidos

½ arbatinio šaukštelio ciberžolės

4 didelės bulvės, virtos ir supjaustytos kubeliais

4 pomidorai, smulkiai pjaustyti

1 arbatinis šaukštelis čili miltelių

Druska pagal skonį

1 valgomasis šaukštas kapotų kalendros lapelių

metodas

- Puode įkaitinkite aliejų. Įdėkite kmynų, asafetidos ir ciberžolės. Palikite 15 sekundžių.
- Sudėkite likusius ingredientus, išskyrus kalendros lapus. Gerai ismaisyti. Virkite 10 minučių ant silpnos ugnies. Papuoškite kalendros lapeliais. Patiekite karštą.

Nužudyk Palaką

(žirniai ir špinatai)

4 asmenims

Ingridientai

400 g špinatų, virtų ir susmulkintų

2 žalios paprikos

4-5 šaukštai rafinuoto augalinio aliejaus

1 arbatinis šaukštelis kmynų

1 žiupsnelis asafetidos

1 arbatinis šaukštelis ciberžolės

1 didelis svogūnas, smulkiai pjaustytas

1 pomidoras, smulkiai pjaustytas

1 didelė bulvė, supjaustyta kubeliais

Druska pagal skonį

200 g žaliųjų žirnelių

metodas

- Špinatus ir čili sutrinkite, kol gausite smulkią pasta. Padėkite į šalį.
- Puode įkaitinkite aliejų. Įdėkite kmynų, asafetidos ir ciberžolės. Palikite 15 sekundžių.
- Sudėkite svogūną. Kepkite ant vidutinės ugnies iki skaidrumo.
- Sudėkite likusius ingredientus. Gerai ismaisyti. Troškinkite ant silpnos ugnies 7-8 minutes, retkarčiais pamaišydami.
- Sudėkite špinatų makaronus. Virkite 5 minutes ant silpnos ugnies. Patiekite karštą.

Masala kopūstai

(aštrus kopūstas)

4 asmenims

Ingridientai

3 šaukštai rafinuoto augalinio aliejaus

1 arbatinis šaukštelis kmynų

¼ arbatinio šaukštelio ciberžolės

1 arbatinis šaukštelis česnako pasta

1 arbatinis šaukštelis imbiero pastos

1 didelis svogūnas, smulkiai pjaustytas

1 pomidoras, smulkiai pjaustytas

½ arbatinio šaukštelio čili miltelių

Druska pagal skonį

400 g kopūstų, smulkiai pjaustytų

metodas

- Puode įkaitinkite aliejų. Suberkite kmynus ir ciberžolę. Palikite 15 sekundžių. Įpilkite česnako pastos, imbiero pastos ir svogūno. Kepkite ant vidutinės ugnies 2-3 minutes.
- Suberkite pomidorus, čili miltelius, druską ir kopūstą. Gerai ismaisyti. Uždenkite dangčiu ir virkite ant silpnos ugnies 10-15 minučių. Patiekite karštą.

Baklažanų karis

4 asmenims

Ingridientai

4 žalios paprikos

1 colio imbiero šaknis

50 g kalendros lapelių, susmulkintų

3 šaukštai rafinuoto augalinio aliejaus

1 arbatinis šaukštelis mangusto dahalo*

1 arbatinis šaukštelis uradalio*

1 arbatinis šaukštelis kmynų

½ arbatinio šaukštelio garstyčių sėklų

500 g mažų baklažanų, supjaustytų 5 cm gabalėliais

½ arbatinio šaukštelio ciberžolės

1 arbatinis šaukštelis tamarindo pastos

Druska pagal skonį

250 ml vandens

metodas

- Sumalkite žalius čili, imbierą ir kalendros lapus. Padėkite į šalį.
- Puode įkaitinkite aliejų. Įpilkite mung dhal, urad dhal, kmynų ir garstyčių sėklų. Leiskite jiems šnypšti 20 sekundžių.
- Sudėkite likusius ingredientus ir imbiero čili pastą. Gerai ismaisyti. Uždenkite dangčiu ir troškinkite 10 minučių, retkarčiais pamaišydami. Patiekite karštą.

Simla Mirchka Bharta

(Čili pipirai)

4 asmenims

Ingridientai

- 3 vidutinės žaliosios paprikos
- 3 vidutinės raudonosios paprikos
- 3 šaukštai rafinuoto augalinio aliejaus
- 2 dideli svogūnai, smulkiai pjaustyti
- 6 smulkiai pjaustytų česnako skiltelių
- 2,5 cm imbiero šaknis, smulkiai supjaustyta
- ½ arbatinio šaukštelio čili miltelių
- ¼ arbatinio šaukštelio ciberžolės
- 2 pomidorai, supjaustyti
- 1 arbatinis šaukštelis druskos
- 1 valgomasis šaukštas kapotų kalendros lapelių

metodas

- Žaliuosius ir raudonuosius pipirus kepkite ant grotelių 5–6 minutes. Dažnai juos apverskite, kad iškeptų tolygiai.
- Nulupkite apdegusią odą, pašalinkite stiebus ir sėklas, o paprikas supjaustykite mažais gabalėliais. Padėkite į šalį.
- Puode įkaitinkite aliejų. Sudėkite svogūnus, česnaką ir imbierą. Kepkite juos ant vidutinės ugnies, kol svogūnai taps auksinės spalvos.
- Suberkite čili miltelius, ciberžolę, pomidorus ir druską. Kepkite mišinį 4-5 minutes.
- Sudėkite paprikas. Gerai ismaisyti. Uždenkite dangčiu ir virkite ant silpnos ugnies 30 minučių.
- Papuoškite daržoves kalendros lapeliais. Patiekite karštą.

Greitas moliūgų karis

4 asmenims

Ingridientai

1 vidutinio butelio moliūgas*, nulupti ir susmulkinti

1 didelis svogūnas, smulkiai pjaustytas

60 g pomidorų, smulkiai pjaustytų

4-5 skiltelės česnako susmulkintos

1 valgomasis šaukštas pomidorų padažo

1 valgomasis šaukštas džiovintų ožragės lapų

½ arbatinio šaukštelio ciberžolės

¼ arbatinio šaukštelio šviežiai maltų juodųjų pipirų

2 šaukštai pieno

Druska pagal skonį

1 valgomasis šaukštas kapotų kalendros lapelių

metodas

- Visus ingredientus, išskyrus kalendros lapus, virkite puode ant vidutinės-stiprios ugnies 20 minučių, retkarčiais pamaišydami. Uždenkite dangteliu.
- Mišinį gerai išmaišykite. Papuoškite kalendros lapeliais. Patiekite karštą.

Kaala Chana Curry

(Juodųjų avinžirnių karis)

4 asmenims

Ingridientai

250g / 9oz Kaala Chana*, mirkyti per naktį

žiupsnelis kepimo miltelių

Druska pagal skonį

1 litras vandens

1 mažas svogūnas

1 colio imbiero šaknis

1 valgomasis šaukštas ghi

1 pomidoras, supjaustytas kubeliais

½ arbatinio šaukštelio ciberžolės

½ arbatinio šaukštelio čili miltelių

8-10 kario lapelių

1 valgomasis šaukštas tamarindo pastos

metodas

- Sumaišykite chana su soda, druska ir puse vandens. Kepkite puode ant vidutinės ugnies 45 minutes. Susmulkinti ir rezervuoti.
- Svogūną ir imbierą sumalkite, kol gausite pasta.
- Puode įkaitinkite ghi. Įpilkite svogūnų-imbiero pastos ir kepkite iki auksinės rudos spalvos.
- Sudėkite chana mišinį ir likusius ingredientus. Gerai ismaisyti. Troškinkite ant silpnos ugnies 8-10 minučių, retkarčiais pamaišydami. Patiekite karštą.

Kaline

(daržovių mišiniai piene)

4 asmenims

Ingridientai

750 ml / 1¼ litro pieno

2 žali bananai, nulupti ir supjaustyti

Moliūgų butelis 250g / 9oz*, Sukapotas

100 g susmulkintų kopūstų

2 pomidorai, supjaustyti

1 didelė žalioji paprika, susmulkinta

1 arbatinis šaukštelis tamarindo pastos

1 arbatinis šaukštelis maltos kalendros

1 arbatinis šaukštelis maltų kmynų

2 arbatiniai šaukšteliai čili miltelių

2 arbatinius šaukštelius rudojo cukraus*, tarkuotas

100 g / 3½ uncijos kalendros lapų, smulkiai pjaustytų

2 šaukštai khoya*

Druska pagal skonį

1 valgomasis šaukštas smulkiai pjaustytų kalendros lapelių

metodas

- Pieną kaitinkite puode ant vidutinės-stiprios ugnies, kol pradės virti. Pridėti bananą ir moliūgą. Gerai ismaisyti. Virinama 5 minutes.
- Sudėkite likusius ingredientus, išskyrus kalendros lapus. Gerai ismaisyti. Troškinkite ant silpnos ugnies 8-10 minučių, dažnai maišydami.
- Papuoškite Kaliną kalendros lapeliais. Patiekite karštą.

Tandoori žiediniai kopūstai

4 asmenims

Ingridientai

1½ arbatinio šaukštelio čili miltelių

1½ arbatinio šaukštelio garam masala

2 citrinų sultys

100 gramų jogurto

juodos druskos pagal skonį

1 kg žiedinių kopūstų žiedynų

metodas

- Sumaišykite visus ingredientus, išskyrus žiedinius kopūstus. Tada šiuo mišiniu kalafiorą marinuoti 4 valandas.
- Kepkite iki 200°C įkaitintoje orkaitėje (400°F, dujų žyma 6) 5-7 minutes. Patiekite karštą.

Aštri Kaala Chana

4 asmenims

Ingridientai

500 g / 1 svaras 2 uncijos Kaala Chana*, mirkyti per naktį

500 ml vandens

Druska pagal skonį

3 šaukštai rafinuoto augalinio aliejaus

žiupsnelis asafetidos

½ arbatinio šaukštelio garstyčių sėklų

1 arbatinis šaukštelis kmynų

2 dantys

1 cm cinamono

¼ arbatinio šaukštelio ciberžolės

1 arbatinis šaukštelis maltos kalendros

1 arbatinis šaukštelis maltų kmynų

½ arbatinio šaukštelio garam masala

1 arbatinis šaukštelis tamarindo pastos

1 valgomasis šaukštas kapotų kalendros lapelių

metodas

- Virkite chana su vandeniu ir druska puode ant vidutinės ugnies 20 minučių. Padėkite į šalį.
- Puode įkaitinkite aliejų. Sudėkite asafetida ir garstyčių sėklas. Palikite 15 sekundžių. Sudėkite virtą chana ir kitus ingredientus, išskyrus kalendros lapus. Virkite ant silpnos ugnies 10-15 minučių.
- Aštriąją Kaala Chaną papuoškite kalendros lapeliais. Patiekite karštą.

Tur Dhal Kofta

(Skaldytų raudonųjų gramų mėsos kukuliai)

4 asmenims

Ingridientai

600 g masoor dhal*, mirkyti per naktį

3 smulkiai supjaustytos žalios paprikos

3 šaukštai kapotų kalendros lapelių

60 g / 2 uncijos tarkuoto kokoso

3 šaukštai kmynų

žiupsnelis asafetidos

Druska pagal skonį

Rafinuotas augalinis aliejus kepimui

metodas

- Dhal nuplaukite ir supjaustykite dideliais gabalėliais. Su likusiais ingredientais, išskyrus aliejų, gerai išminkykite, kol pasidarys vientisa tešla. Padalinkite į graikinio riešuto dydžio rutuliukus.
- Puode įkaitinkite aliejų. Sudėkite rutuliukus ir kepkite ant silpnos ugnies iki auksinės rudos spalvos. Nusausinkite koftas ir patiekite karštą.

Šahi žiedinis kopūstas

(turtingas žiedinis kopūstas)

4 asmenims

Ingridientai

8 skiltelės česnako

1 colio imbiero šaknis

½ arbatinio šaukštelio ciberžolės

2 dideli svogūnai, sutarkuoti

4 arbatiniai šaukšteliai aguonų

2 šaukštai ghi

200 g jogurto, išplakto

5 pomidorai, smulkiai pjaustyti

200 g konservuotų žirnelių

1 arbatinis šaukštelis cukraus

2 šaukštai šviežios grietinėlės

Druska pagal skonį

250 ml vandens

500 g žiedinių kopūstų žiedynų, keptų

8 mažos bulvės, keptos

metodas

- Česnaką, imbierą, ciberžolę, svogūną ir aguonas sutrinkite į smulkią tyrę. Padėkite į šalį.
- Puode įkaitinkite 1 valgomąjį šaukštą ghi. Įpilkite aguonų pastos. Kepkite 5 minutes. Sudėkite likusius ingredientus, išskyrus žiedinius kopūstus ir bulves. Virkite 4 minutes ant silpnos ugnies.
- Sudėkite žiedinius kopūstus ir bulves. Troškinkite 15 minučių ir patiekite karštą.

Gojju okra

(okra kompotas)

4 asmenims

Ingridientai

500 g okra, supjaustyta

Druska pagal skonį

2 šaukštai rafinuoto augalinio aliejaus, plius papildomai kepimui

1 arbatinis šaukštelis garstyčių sėklų

žiupsnelis asafetidos

200 gramų jogurto

250 ml vandens

metodas

- Sumaišykite okra su druska. Puode įkaitinkite aliejų ir kepkite okra ant vidutinės ugnies iki auksinės rudos spalvos. Padėkite į šalį.
- Įkaitinkite 2 šaukštus aliejaus. Įpilkite garstyčių ir asafetidos. Palikite 15 sekundžių. Įpilkite okra, jogurto ir vandens. Gerai ismaisyti. Patiekite karštą.

Jamas žaliame padaže

4 asmenims

Ingridientai

300 g / 10 uncijų jamo*, plonais griežinėliais

1 arbatinis šaukštelis čili miltelių

1 arbatinis šaukštelis amchoro*

½ arbatinio šaukštelio maltų juodųjų pipirų

Druska pagal skonį

Rafinuotas augalinis aliejus kepimui

Padažui:

400 g kapotų špinatų

100 g butelinio moliūgo*, tarkuotas

žiupsnelis kepimo miltelių

3 žalios paprikos

2 arbatiniai šaukšteliai viso grūdo miltų

Druska pagal skonį

3 šaukštai rafinuoto augalinio aliejaus

1 cm imbiero šaknis, supjaustyta julienne

1 mažas svogūnas smulkiai pjaustytas

Žiupsnelis malto cinamono

Žiupsnelis maltų gvazdikėlių

metodas

- Jamo skilteles apibarstykite čili milteliais, amchoru, pipirais ir druska.
- Puode įkaitinkite aliejų. Sudėkite jamo griežinėlius. Kepkite juos ant vidutinės ugnies iki auksinės rudos spalvos. Nusausinkite ir laikykite.
- Padažui sumaišykite špinatus, buteliuko moliūgą ir soda. garai (plgvirimo technikos) Virkite mišinį garuose ant vidutinės ugnies 10 minučių.
- Sutrinkite šį mišinį kartu su žaliaisiais čili pipirais, miltais ir druska, kol gausite pusiau lygią pastą. Padėkite į šalį.
- Puode įkaitinkite aliejų. Pridėti imbierą ir svogūną. Kepkite ant vidutinės ugnies, kol svogūnas taps auksinis. Įpilkite malto cinamono, maltų gvazdikėlių ir špinatų mišinio. Gerai ismaisyti. Troškinkite ant vidutinės-stiprios ugnies 8-10 minučių, retkarčiais pamaišydami.
- Į šį žalią padažą įpilkite džemo. Gerai ismaisyti. Uždenkite dangčiu ir virkite ant silpnos ugnies 4-5 minutes. Patiekite karštą.

Simla Mirchki Sabzi

(Džiovintos žaliosios paprikos)

4 asmenims

Ingridientai

2 šaukštai rafinuoto augalinio aliejaus

2 dideli svogūnai, smulkiai pjaustyti

¾ arbatinio šaukštelio imbiero pastos

¾ arbatinio šaukštelio česnako pastos

1 arbatinis šaukštelis maltos kalendros

¼ arbatinio šaukštelio ciberžolės

½ arbatinio šaukštelio garam masala

½ arbatinio šaukštelio čili miltelių

2 pomidorai, smulkiai pjaustyti

Druska pagal skonį

4 didelės žaliosios paprikos, supjaustytos

1 valgomasis šaukštas smulkiai pjaustytų kalendros lapelių

metodas

- Puode įkaitinkite aliejų. Sudėkite svogūnus, imbiero pastą ir česnako pastą. Kepkite ant vidutinės ugnies, kol svogūnai taps auksinės spalvos.
- Sudėkite visus likusius ingredientus, išskyrus kalendros lapus. Gerai ismaisyti. Troškinkite mišinį ant silpnos ugnies 10-15 minučių.
- Papuoškite kalendros lapeliais. Patiekite karštą.

Žiedinių kopūstų karis

4 asmenims

Ingridientai

3 šaukštai rafinuoto augalinio aliejaus

1 arbatinis šaukštelis kmynų

¼ arbatinio šaukštelio ciberžolės

1 arbatinis šaukštelis imbiero pastos

1 arbatinis šaukštelis maltos kalendros

1 arbatinis šaukštelis čili miltelių

200 gramų pomidorų tyrės

1 arbatinis šaukštelis cukraus pudros

Druska pagal skonį

400 g žiedinių kopūstų žiedynų

120 ml vandens

metodas
- Puode įkaitinkite aliejų. Suberkite kmynų sėklas. Palikite 15 sekundžių.
- Sudėkite likusius ingredientus, išskyrus vandenį. Gerai ismaisyti. Įpilkite vandens. Uždenkite dangčiu ir virkite ant silpnos ugnies 12-15 minučių. patiekti karštą

Haq

(špinatų karis)

4 asmenims

Ingridientai

1/2 colio imbiero šaknis, susmulkinta

1 arbatinis šaukštelis pankolio sėklų, sumaltų

2 šaukštai rafinuoto augalinio aliejaus

2 džiovintos raudonosios paprikos

¼ arbatinio šaukštelio Asantida

1 žalia čili, supjaustyta išilgai

Druska pagal skonį

400 g smulkiai pjaustytų špinatų

500 ml vandens

metodas

- Džiovinti skrudinta imbiero ir pankolio sėklos. Padėkite į šalį.
- Puode įkaitinkite aliejų. Įpilkite raudonųjų čili pipirų, asafetidos, žaliosios paprikos ir druskos. Šį mišinį kepkite ant vidutinės ugnies 1 minutę.
- Įpilkite imbiero ir pankolio sėklų mišinio. Pakepinkite minutę. Įpilkite špinatų ir vandens. Uždenkite dangčiu ir virkite ant silpnos ugnies 8-10 minučių. Patiekite karštą.

džiovintų žiedinių kopūstų

4 asmenims

Ingridientai

3 šaukštai rafinuoto augalinio aliejaus

1 arbatinis šaukštelis kmynų

¼ arbatinio šaukštelio ciberžolės

2 smulkiai pjaustytos žalios paprikos

1 arbatinis šaukštelis imbiero pastos

½ arbatinio šaukštelio cukraus pudros

400 g žiedinių kopūstų žiedynų

Druska pagal skonį

60 ml vandens

10 g / ¼ uncijos kalendros lapų, susmulkintų

metodas

- Puode įkaitinkite aliejų. Suberkite kmynų sėklas. Palikite 15 sekundžių.
- Sudėkite ciberžolę, žaliąsias paprikas, imbiero pastą ir cukraus pudrą. Kepkite minutę ant vidutinės ugnies. Įpilkite žiedinių kopūstų, druskos ir vandens. Gerai ismaisyti. Uždenkite dangčiu ir virkite ant silpnos ugnies 12-15 minučių.
- Papuoškite kalendros lapeliais. Patiekite karštą.

daržovių korma

(daržovių mišiniai)

4 asmenims

Ingridientai

3 šaukštai rafinuoto augalinio aliejaus

1 cm cinamono

2 dantys

2 žalios kardamono ankštys

2 dideli svogūnai, smulkiai pjaustyti

¼ arbatinio šaukštelio ciberžolės

½ arbatinio šaukštelio imbiero pastos

½ arbatinio šaukštelio česnako pastos

Druska pagal skonį

300 g / 10 uncijų šaldytų daržovių mišinių

250 ml vandens

1 arbatinis šaukštelis aguonų

metodas

- Puode įkaitinkite aliejų. Įpilkite cinamono, gvazdikėlių ir kardamono. Leiskite jiems šnypšti 30 sekundžių.
- Įpilkite svogūnų, ciberžolių, imbiero pastos, česnako pastos ir druskos. Kepkite mišinį ant vidutinės-stiprios ugnies 2-3 minutes nuolat maišydami.
- Įpilkite daržovių ir vandens. Gerai ismaisyti. Uždenkite dangčiu ir troškinkite 5-6 minutes, retkarčiais pamaišydami.
- Suberkite aguonas. Gerai ismaisyti. Virkite ant silpnos ugnies dar 2 minutes. Patiekite karštą.

Keptas baklažanas

4 asmenims

Ingridientai

500 g / 1 svaras 2 uncijos baklažanų, supjaustytų griežinėliais

4 šaukštai rafinuoto augalinio aliejaus

Marinatui:

1 arbatinis šaukštelis čili miltelių

½ arbatinio šaukštelio maltų juodųjų pipirų

½ arbatinio šaukštelio ciberžolės

1 arbatinis šaukštelis amchoro*

Druska pagal skonį

1 valgomasis šaukštas ryžių miltų

metodas

- Sumaišykite marinatui skirtus ingredientus. Šiuo mišiniu 10 minučių pamarinuokite baklažano skilteles.
- Keptuvėje įkaitinkite aliejų. Sudėkite baklažano griežinėlius. Kepkite juos ant silpnos ugnies 7 minutes. Apverskite griežinėlius ir vėl kepkite 3 minutes. Patiekite karštą.

raudonųjų pomidorų karis

4 asmenims

Ingridientai

1 valgomasis šaukštas sausų skrudintų žemės riešutų

1 valgomasis šaukštas skrudintų anakardžių riešutų

4 pomidorai, supjaustyti

1 nedidelė žalioji paprika, susmulkinta

3 šaukštai rafinuoto augalinio aliejaus

1 arbatinis šaukštelis imbiero pastos

1 arbatinis šaukštelis česnako pasta

1 didelis svogūnas susmulkintas

1½ arbatinio šaukštelio garam masala

¼ arbatinio šaukštelio ciberžolės

½ arbatinio šaukštelio cukraus

Druska pagal skonį

metodas

- Sumaišykite ir sumalkite žemės ir anakardžių riešutus. Padėkite į šalį.
- Kartu sumalkite pomidorus ir žaliąją papriką. Padėkite į šalį.
- Keptuvėje įkaitinkite aliejų. Įpilkite imbiero pastos ir česnako pastos. Kepkite minutę ant vidutinės ugnies. Sudėkite svogūną, garam masala, ciberžolę, cukrų ir druską. Kepkite mišinį 2-3 minutes.
- Įpilkite žemės riešutų anakardžių mišinio ir pomidorų bei pipirų mišinio. Gerai ismaisyti. Uždenkite dangčiu ir virkite ant silpnos ugnies 15 minučių. Patiekite karštą.

Curry Aloo Matar

(bulvių ir žirnių karis)

4 asmenims

Ingridientai

1½ šaukšto rafinuoto augalinio aliejaus

1 arbatinis šaukštelis kmynų

1 didelis svogūnas, smulkiai pjaustytas

½ arbatinio šaukštelio ciberžolės

1 arbatinis šaukštelis maltos kalendros

1 arbatinis šaukštelis maltų kmynų

1 arbatinis šaukštelis čili miltelių

200 gramų pomidorų tyrės

Druska pagal skonį

2 didelės bulvės, supjaustytos

400 gramų žirnių

120 ml vandens

metodas

- Puode įkaitinkite aliejų. Suberkite kmynų sėklas. Palikite 15 sekundžių. Sudėkite svogūną. Kepkite ant vidutinės ugnies iki auksinės rudos spalvos.
- Sudėkite likusius ingredientus. Virkite 15 minučių ant silpnos ugnies. Patiekite karštą.

Badshahi Baingan

(Baklažanai a la Real)

4 asmenims

Ingridientai

8 maži baklažanai

Druska pagal skonį

30 gramų ghi

2 dideli svogūnai, supjaustyti

1 valgomasis šaukštas anakardžių riešutų

1 valgomasis šaukštas razinų

1 arbatinis šaukštelis imbiero pastos

1 arbatinis šaukštelis česnako pasta

1 arbatinis šaukštelis maltos kalendros

1 arbatinis šaukštelis garam masala

¼ arbatinio šaukštelio ciberžolės

200 gramų jogurto

1 arbatinis šaukštelis susmulkintų kalendros lapelių

metodas

- Baklažanus perpjaukite per pusę išilgai. Įtrinkite juos druska ir palikite 10 minučių. Išspauskite drėgmės perteklių ir vėl atidėkite.
- Puode įkaitinkite ghi. Sudėkite svogūnus, anakardžius ir razinas. Kepkite juos ant vidutinės ugnies iki auksinės rudos spalvos. Nusausinkite ir laikykite.
- Sudėkite baklažanus į tą patį ghi ir kepkite ant vidutinės ugnies, kol suminkštės. Nusausinkite ir laikykite.
- Į tą patį ghi įpilkite imbiero pastos ir česnako pastos. Pakepinkite minutę. Įmaišykite likusius ingredientus. Virkite 7-8 minutes ant vidutinės ugnies.
- Sudėkite baklažanus. Virkite 2 minutes ant silpnos ugnies. Papuoškite keptais svogūnais, anakardžių riešutais ir razinomis. Patiekite karštą.

Bulvės garam masala

4 asmenims

Ingridientai

3 šaukštai rafinuoto augalinio aliejaus

1 didelis svogūnas, smulkiai pjaustytas

10 smulkiai pjaustytų česnako skiltelių

½ arbatinio šaukštelio ciberžolės

1 arbatinis šaukštelis garam masala

Druska pagal skonį

3 didelės bulvės, virtos ir supjaustytos kubeliais

240 ml vandens

metodas

- Puode įkaitinkite aliejų. Sudėkite svogūną ir česnaką. Kepkite 2 minutes.
- Sudėkite likusius ingredientus ir gerai išmaišykite. Patiekite karštą.

Tamilų korma

(tamilų stiliaus daržovių mišiniai)

4 asmenims

Ingridientai
4 šaukštai rafinuoto augalinio aliejaus

1 arbatinis šaukštelis kmynų

2 didelės bulvės, supjaustytos

2 didelės morkos, supjaustytos

100 g šparaginių pupelių, susmulkintų

Druska pagal skonį

Prieskonių mišiniui:
100 g / 3½ uncijos šviežio kokoso, tarkuoto

4 žalios paprikos

100 g kalendros lapelių, susmulkintų

1 arbatinis šaukštelis aguonų

1 arbatinis šaukštelis imbiero pastos

1 arbatinis šaukštelis ciberžolės

metodas

- Visus prieskonių mišinio ingredientus sutrinkite iki vientisos masės. Padėkite į šalį.
- Įkaitinkite aliejų. Suberkite kmynų sėklas. Palikite 15 sekundžių.
- Sudėkite likusius ingredientus ir maltų prieskonių mišinį. Troškinkite ant silpnos ugnies 15 minučių, retkarčiais pamaišydami. Patiekite karštą.

Džiovinkite baklažanus su svogūnais ir bulvėmis

4 asmenims

Ingridientai

3 šaukštai rafinuoto augalinio aliejaus

1 arbatinis šaukštelis garstyčių sėklų

300 g baklažanų, susmulkintų

¼ arbatinio šaukštelio ciberžolės

3 nedideli svogūnai, smulkiai pjaustyti

2 didelės bulvės, virtos ir supjaustytos kubeliais

1 arbatinis šaukštelis čili miltelių

1 arbatinis šaukštelis amchoro*

Druska pagal skonį

metodas

- Puode įkaitinkite aliejų. Sudėkite garstyčių sėklas. Palikite 15 sekundžių.
- Sudėkite baklažanus ir ciberžolę. Kepkite ant silpnos ugnies 10 minučių.

- Sudėkite likusius ingredientus. Gerai ismaisyti. Uždenkite dangčiu ir virkite ant silpnos ugnies 10 minučių. Patiekite karštą.

Koftas Lajawabas

(sūrio paplotėliai padaže)

4 asmenims

Ingridientai

3 šaukštai rafinuoto augalinio aliejaus

3 dideli svogūnai, sutarkuoti

2,5 cm imbiero šaknis, sumaltas

3 pomidorai, sutrinti

1 arbatinis šaukštelis ciberžolės

Druska pagal skonį

120 ml vandens

Dėl koftų:

400 g tarkuoto čederio sūrio

250 gramų kukurūzų miltų

½ arbatinio šaukštelio šviežiai maltų juodųjų pipirų

1 arbatinis šaukštelis garam masala

Druska pagal skonį

Rafinuotas augalinis aliejus kepimui

metodas

- Sumaišykite visus kofta ingredientus, išskyrus aliejų. Padalinkite į graikinio riešuto dydžio rutuliukus. Puode įkaitinkite aliejų. Sudėkite koftas. Kepkite juos ant vidutinės ugnies iki auksinės rudos spalvos. Nusausinkite ir laikykite.
- Puode įkaitinkite 3 šaukštus aliejaus. Sudėkite svogūnus ir pakepinkite iki auksinės rudos spalvos.
- Sudėkite likusius ingredientus ir gerai išmaišykite. Virkite 8 minutes, retkarčiais pamaišydami. Į šį padažą įpilkite koftų ir patiekite karštą.

Teekha Baingan Masala

(aštrus baklažanas)

4 asmenims

Ingridientai

2 šaukštai rafinuoto augalinio aliejaus

3 dideli svogūnai, supjaustyti

10 česnako skiltelių, susmulkintų

1 colio imbiero šaknis, tarkuota

1 arbatinis šaukštelis tamarindo pastos

2 šaukštai garam masala

Druska pagal skonį

500 g smulkių baklažanų, susmulkintų

metodas

- Puode įkaitinkite 2 šaukštus aliejaus. Sudėkite svogūnus. Kepkite ant vidutinės ugnies 3 minutes. Įpilkite česnako, imbiero, tamarindo, garam masala ir druskos. Gerai ismaisyti.
- Sudėkite baklažanus. Gerai ismaisyti. Uždenkite dangčiu ir troškinkite 15 minučių, retkarčiais pamaišydami. Patiekite karštą.

daržovių kofta

(daržovių kotletai grietinėlės padaže)

4 asmenims

Ingridientai

6 didelės bulvės, nuluptos ir supjaustytos

3 didelės morkos, nuluptos ir susmulkintos

Druska pagal skonį

miltų tepimui

2 šaukštai rafinuoto augalinio aliejaus, plius papildomai kepimui

3 dideli svogūnai, plonais griežinėliais

4 smulkiai pjaustytų česnako skiltelių

2,5 cm imbiero šaknis, smulkiai supjaustyta

4 gvazdikėliai, sumalti

½ arbatinio šaukštelio ciberžolės

2 pomidorai, sutrinti

1 arbatinis šaukštelis čili miltelių

4 šaukštai dvigubos grietinėlės

25 g kalendros lapelių, susmulkintų

metodas

- Bulves ir morkas virkite pasūdytame vandenyje 15 minučių. Nusausinkite ir rezervuokite sultinį. Daržoves pasūdykite ir sutrinkite.
- Padalinkite tyrę į citrinos dydžio rutuliukus. Pabarstykite miltais ir kepkite koftą aliejuje ant vidutinės ugnies iki auksinės rudos spalvos. Padėkite į šalį.
- Puode įkaitinkite 2 šaukštus aliejaus. Sudėkite svogūną, česnaką, imbierą, gvazdikėlius ir ciberžolę. Kepkite ant vidutinės ugnies 4-5 minutes. Įpilkite pomidorų, čili miltelių ir daržovių sultinio. Virkite 4 minutes ant silpnos ugnies.
- Sudėkite koftas. Papuoškite plakta grietinėle ir kalendros lapeliais. Patiekite karštą.

džiovintas moliūgas

4 asmenims

Ingridientai

3 šaukštai rafinuoto augalinio aliejaus

1 arbatinis šaukštelis kmynų

¼ arbatinio šaukštelio ciberžolės

¾ arbatinio šaukštelio maltos kalendros

Druska pagal skonį

750 g / 1 svaras 10 uncijų moliūgų, susmulkintų

60 ml vandens

metodas

- Puode įkaitinkite aliejų. Suberkite kmynus ir ciberžolę. Palikite 15 sekundžių.
- Sudėkite likusius ingredientus. Gerai ismaisyti. Uždenkite dangčiu ir virkite ant silpnos ugnies 15 minučių. Patiekite karštą.

Daržovių mišiniai su ožragėmis

4 asmenims

Ingridientai

4-5 šaukštai rafinuoto augalinio aliejaus

1 arbatinis šaukštelis garstyčių sėklų

½ arbatinio šaukštelio ožragės sėklų

2 dideli svogūnai, smulkiai pjaustyti

2 didelės saldžiosios bulvės, supjaustytos kubeliais

4 nedideli baklažanai, supjaustyti kubeliais

2 didelės žaliosios paprikos, supjaustytos kubeliais

3 didelės bulvės, supjaustytos kubeliais

100 g šparaginių pupelių, susmulkintų

½ arbatinio šaukštelio ciberžolės

1 arbatinis šaukštelis čili miltelių

2 šaukštai tamarindo pastos

1 valgomasis šaukštas kapotų kalendros lapelių

8-10 kario lapelių

1 arbatinis šaukštelis cukraus

Druska pagal skonį

750 ml / 1¼ pintos vandens

metodas

- Puode įkaitinkite aliejų. Suberkite garstyčių sėklas ir ožragę. Palikite 15 sekundžių. Sudėkite svogūnus. Kepkite iki skaidrumo.
- Sudėkite likusius ingredientus, išskyrus vandenį. Gerai ismaisyti. Įpilkite vandens. Virkite ant mažos ugnies 20 minučių. Patiekite karštą.

Dum Gobhi

(lėtai virti žiediniai kopūstai)

4 asmenims

Ingridientai

2,5 cm / 1 colio imbiero šaknis, supjaustyta julienne

2 pomidorai, smulkiai pjaustyti

¼ arbatinio šaukštelio ciberžolės

1 valgomasis šaukštas jogurto

½ arbatinio šaukštelio garam masala

Druska pagal skonį

800 g žiedinių kopūstų žiedynų

metodas

- Sumaišykite visus ingredientus, išskyrus žiedinių kopūstų žiedynus.
- Žiedinių kopūstų žiedynus sudėkite į puodą ir šiuo mišiniu užpilkite ant jų. Uždenkite dangčiu ir troškinkite 20 minučių, retkarčiais pamaišydami. Patiekite karštą.

chole

(avinžirnių karis)

5 porcijoms

Ingridientai

375 g avinžirnių, mirkyti per naktį

1 litras vandens

Druska pagal skonį

1 pomidoras, smulkiai pjaustytas

3 nedideli svogūnai, smulkiai pjaustyti

1½ šaukšto kalendros lapų, smulkiai pjaustytų

2 šaukštai rafinuoto augalinio aliejaus

1 arbatinis šaukštelis kmynų

1 arbatinis šaukštelis imbiero pastos

1 arbatinis šaukštelis česnako pasta

2 lauro lapai

1 arbatinis šaukštelis cukraus

1 arbatinis šaukštelis čili miltelių

½ arbatinio šaukštelio ciberžolės

1 valgomasis šaukštas ghi

4 žalios paprikos, supjaustytos išilgai

½ arbatinio šaukštelio malto cinamono

½ arbatinio šaukštelio maltų gvazdikėlių

1 citrinos sultys

metodas

- Avinžirnius sumaišykite su puse vandens ir druskos. Virkite šį mišinį puode ant vidutinės-stiprios ugnies 30 minučių. Nukelkite nuo ugnies ir nusausinkite avinžirnius.
- 2 valgomuosius šaukštus avinžirnių sutrinkite su puse pomidoro, vienu svogūnu ir puse kalendros lapelių iki smulkios tyrės. Padėkite į šalį.
- Didelėje keptuvėje įkaitinkite aliejų. Suberkite kmynų sėklas. Palikite 15 sekundžių.
- Sudėkite likusius svogūnus, imbiero pastą ir česnako pastą. Kepkite šį mišinį ant vidutinės ugnies, kol svogūnai taps auksinės rudos spalvos.
- Sudėkite likusius pomidorus kartu su lauro lapais, cukrumi, čili milteliais, ciberžole ir pomidorų avinžirnių pasta. Šį mišinį kepkite ant vidutinės ugnies 2-3 minutes.
- Supilkite likusius avinžirnius su likusiu vandeniu. Virkite ant silpnos ugnies 8-10 minučių. Padėkite į šalį.

- Mažame puode įkaitinkite ghi. Sudėkite žalią čili, maltą cinamoną ir gvazdikėlius. Leiskite jiems šnypšti 30 sekundžių. Šiuo mišiniu užpilkite avinžirnius. Gerai ismaisyti. Apšlakstykite citrinos sultimis ir likusiais kalendros lapeliais. Patiekite karštą.

Baklažanų karis su svogūnais ir bulvėmis

4 asmenims

Ingridientai

3 šaukštai rafinuoto augalinio aliejaus

2 dideli svogūnai, smulkiai pjaustyti

1 arbatinis šaukštelis imbiero pastos

1 arbatinis šaukštelis česnako pasta

1 arbatinis šaukštelis maltos kalendros

1 arbatinis šaukštelis maltų kmynų

1 arbatinis šaukštelis čili miltelių

¼ arbatinio šaukštelio ciberžolės

120 ml vandens

Druska pagal skonį

250 g mažų baklažanų

250 g mažų bulvių, perpjautų per pusę

50 g kalendros lapelių, smulkiai pjaustytų

metodas

- Puode įkaitinkite aliejų. Sudėkite svogūnus. Kepkite iki skaidrumo.
- Sudėkite likusius ingredientus, išskyrus kalendros lapus. Gerai ismaisyti. Virkite 15 minučių ant silpnos ugnies.
- Papuoškite kalendros lapeliais. Patiekite karštą.

Paprastas butelis moliūgas

4 asmenims

Ingridientai

½ šaukšto ghi

1 arbatinis šaukštelis kmynų

2 žalios paprikos, supjaustytos išilgai

750 g / 1 svaras 10 uncijų butelinis moliūgas*, Sukapotas

Druska pagal skonį

120 ml pieno

1 valgomasis šaukštas tarkuoto kokoso

10 g / ¼ uncijos kalendros lapų, smulkiai pjaustytų

metodas

- Puode įkaitinkite ghi. Suberkite kmynus ir žaliąsias čili. Palikite 15 sekundžių.
- Įpilkite moliūgų, druskos ir pieno. Virkite ant silpnos ugnies 10-12 minučių.
- Sudėkite likusius ingredientus. Gerai ismaisyti. Patiekite karštą.

Sumaišytas daržovių karis

4 asmenims

Ingridientai

3 šaukštai rafinuoto augalinio aliejaus

1 arbatinis šaukštelis kmynų

1 arbatinis šaukštelis maltos kalendros

½ arbatinio šaukštelio maltų kmynų

1 arbatinis šaukštelis čili miltelių

¼ arbatinio šaukštelio ciberžolės

½ arbatinio šaukštelio cukraus

1 morka supjaustyta juostelėmis

1 didelė bulvė, supjaustyta kubeliais

200 g / 7 uncijos susmulkintų šparaginių pupelių

50 g žiedinių kopūstų žiedynų

Druska pagal skonį

200 gramų pomidorų tyrės

120 ml vandens

10 g / ¼ uncijos kalendros lapų, smulkiai pjaustytų

metodas

- Puode įkaitinkite aliejų. Suberkite kmynų sėklas, maltas kalendras ir maltus kmynus. Palikite 15 sekundžių.
- Sudėkite likusius ingredientus, išskyrus kalendros lapus. Gerai ismaisyti. Virkite 15 minučių ant silpnos ugnies.
- Papuoškite karį kalendros lapeliais. Patiekite karštą.

Džiovintų daržovių mišiniai

4 asmenims

Ingridientai

3 šaukštai rafinuoto augalinio aliejaus

1 arbatinis šaukštelis kmynų

1 arbatinis šaukštelis maltos kalendros

½ arbatinio šaukštelio maltų kmynų

¼ arbatinio šaukštelio ciberžolės

1 morką supjaustykite julienne

1 didelė bulvė, supjaustyta kubeliais

200 g / 7 uncijos susmulkintų šparaginių pupelių

60 g žiedinių kopūstų žiedynų

Druska pagal skonį

120 ml vandens

10 g / ¼ uncijos kalendros lapų, susmulkintų

metodas

- Puode įkaitinkite aliejų. Suberkite kmynų sėklas. Palikite 15 sekundžių.
- Sudėkite likusius ingredientus, išskyrus kalendros lapus. Gerai išmaišykite ir virkite ant silpnos ugnies 15 minučių.
- Papuoškite kalendros lapeliais ir patiekite karštą.

Sausos bulvės ir žirniai

4 asmenims

Ingridientai

3 šaukštai rafinuoto augalinio aliejaus

1 arbatinis šaukštelis kmynų

½ arbatinio šaukštelio ciberžolės

1 arbatinis šaukštelis garam masala

2 didelės bulvės, virtos ir supjaustytos kubeliais

400 gramų virtų žirnių

Druska pagal skonį

metodas

- Puode įkaitinkite aliejų. Suberkite kmynus ir ciberžolę. Palikite 15 sekundžių.
- Sudėkite likusius ingredientus. Troškinkite ant vidutinės ugnies 5 minutes. Patiekite karštą.

Dokaras Dhalna

(Bengališkas graminis karis)

4 asmenims

Ingridientai

300 g / 10 uncijų Chana Dhal*, mirkyti per naktį

2 šaukštai garstyčių aliejaus

1 arbatinis šaukštelis kmynų

Druska pagal skonį

5 cm / 2 colių cinamono

4 žalios kardamono ankštys

6 dantys

½ arbatinio šaukštelio ciberžolės

½ arbatinio šaukštelio cukraus

250 ml vandens

3 didelės bulvės, supjaustytos kubeliais ir keptos

metodas

- Sutrinkite chana dhal su pakankamai vandens, kad susidarytų lygi pasta. Padėkite į šalį.
- Puode įkaitinkite pusę aliejaus. Suberkite pusę kmynų sėklų. Palikite 15 sekundžių. Įpilkite dhal pastos ir druskos. Kepkite 2-3 minutes. Nusausinkite ir paskleiskite ant didelės lėkštės ir palikite pailsėti. Supjaustykite 2,5 cm gabalėliais. Padėkite į šalį.
- Šiuos dhal gabalėlius apkepkite likusiame aliejuje iki auksinės rudos spalvos. Padėkite į šalį.
- Į tą patį aliejų sudėkite likusius ingredientus, išskyrus bulves. Virinama 2 minutes. Sudėkite bulves ir dhal gabalėlius. Gerai ismaisyti. Virkite ant silpnos ugnies 4-5 minutes. Patiekite karštą.

Aštrūs bulvių traškučiai

4 asmenims

Ingridientai

250 ml / 8 fl oz rafinuotas augalinis aliejus

3 didelės bulvės, supjaustytos plonomis juostelėmis

½ arbatinio šaukštelio čili miltelių

1 arbatinis šaukštelis šviežiai maltų juodųjų pipirų

Druska pagal skonį

metodas

- Puode įkaitinkite aliejų. Sudėkite bulvių juosteles. Kepkite juos ant vidutinės ugnies iki auksinės rudos spalvos.
- Nusausinkite ir gerai sumaišykite su likusiais ingredientais. Patiekite karštą.

Moliūgas su virta gramu

4 asmenims

Ingridientai

1 valgomasis šaukštas rafinuoto augalinio aliejaus

1 arbatinis šaukštelis kmynų

½ arbatinio šaukštelio ciberžolės

500 g / 1 svaras 2 uncijos moliūgų, susmulkintų

125 g Kaala Chana*, virti

1 arbatinis šaukštelis maltos kalendros

1 arbatinis šaukštelis maltų kmynų

1 arbatinis šaukštelis čili miltelių

Druska pagal skonį

120 ml vandens

10 g / ¼ uncijos kalendros lapų, smulkiai pjaustytų

metodas

- Puode įkaitinkite aliejų. Suberkite kmynus ir ciberžolę. Palikite 15 sekundžių.
- Sudėkite likusius ingredientus, išskyrus vandenį ir kalendros lapus. Kepkite mišinį ant vidutinės ugnies 2-3 minutes.
- Įpilkite vandens. Gerai ismaisyti. Uždenkite dangčiu ir troškinkite 15 minučių, retkarčiais pamaišydami.
- Papuoškite kalendros lapeliais. Patiekite karštą.

Kvailas aloo

(lėtai virtos bulvės)

4 asmenims

Ingridientai

1 valgomasis šaukštas rafinuoto augalinio aliejaus

500 g mažų bulvių, virtų ir nuluptų

Druska pagal skonį

1 arbatinis šaukštelis tamarindo pastos

Dėl pastos:

½ arbatinio šaukštelio čili miltelių

¼ arbatinio šaukštelio ciberžolės

¼ arbatinio šaukštelio juodųjų pipirų

2 arbatiniai šaukšteliai kalendros sėklų

1 juodasis kardamonas

2,5 cm / 1 colio cinamono

2 dantys

6 skiltelės česnako

metodas

- Makaronų ingredientus sumalkite kartu. Keptuvėje įkaitinkite aliejų. Sudėkite makaronus. Kepkite ant vidutinės ugnies 10 minučių.
- Sudėkite likusius ingredientus. Gerai ismaisyti. Virinama 8 minutes. Patiekite karštą.

Daržovių Makkhanwala

(daržovės svieste)

4 asmenims

Ingridientai

120 ml / 4 fl oz skysto kremo

½ arbatinio šaukštelio paprastų baltų miltų

120 ml pieno

4 šaukštai pomidorų padažo

1 valgomasis šaukštas sviesto

2 dideli svogūnai, smulkiai pjaustyti

500 g šaldytų daržovių mišinių

1 arbatinis šaukštelis garam masala

½ arbatinio šaukštelio čili miltelių

Druska pagal skonį

metodas

- Sumaišykite grietinėlę, miltus, pieną ir kečupą. Padėkite į šalį.
- Puode įkaitinkite sviestą. Sudėkite svogūnus. Kepkite juos ant vidutinės ugnies, kol taps skaidrūs.
- Sudėkite daržoves, garam masala, čili miltelius, druską ir grietinėlės bei miltų mišinį. Gerai ismaisyti. Virkite ant silpnos ugnies 10-12 minučių. Patiekite karštą.

Prancūziškos pupelės su mung dhal

4 asmenims

Ingridientai

1 valgomasis šaukštas rafinuoto augalinio aliejaus

1 arbatinis šaukštelis garstyčių sėklų

¼ arbatinio šaukštelio ciberžolės

2 žalios paprikos, supjaustytos išilgai

400 g šparaginių pupelių, susmulkintų

3 šaukštai Mungo Dal*, pamirkyti 30 minučių ir nusausinti

Druska pagal skonį

120 ml vandens

2 šaukštai kapotų kalendros lapelių

metodas

- Puode įkaitinkite aliejų. Sudėkite garstyčių sėklas, ciberžolę ir žaliuosius čili. Palikite 15 sekundžių.
- Sudėkite likusius ingredientus, išskyrus vandenį ir kalendros lapus. Gerai ismaisyti. Įpilkite vandens. Virkite 15 minučių ant silpnos ugnies.
- Suberkite kalendros lapelius ir patiekite karštą.

Aštrios bulvės su jogurtiniu padažu

4 asmenims

Ingridientai

1 arbatinis šaukštelis Kissan*, sumaišyti su 4 šaukštais vandens

200 gramų jogurto

750 g bulvių, virtų ir supjaustytų kubeliais

½ arbatinio šaukštelio chaat masala*

½ arbatinio šaukštelio maltų kmynų, sausai skrudintų

½ arbatinio šaukštelio čili miltelių

¼ arbatinio šaukštelio ciberžolės

1 valgomasis šaukštas rafinuoto augalinio aliejaus

1 arbatinis šaukštelis baltojo sezamo

2 džiovintos raudonosios paprikos, supjaustytos ketvirčiais

Druska pagal skonį

10 g / ¼ uncijos kalendros lapų, smulkiai pjaustytų

metodas

- Pupelių pastą sutrinkite su jogurtu. Padėkite į šalį.
- Sumaišykite bulves su chaat masala, maltais kmynais, čili milteliais ir ciberžole. Padėkite į šalį.
- Puode įkaitinkite aliejų. Sudėkite sezamo ir čili gabalėlius. Palikite 15 sekundžių.
- Sudėkite bulves, jogurto mišinį ir druską. Gerai ismaisyti. Virkite ant silpnos ugnies 4-5 minutes. Papuoškite kalendros lapeliais. Patiekite karštą.

Įdarytos žaliosios paprikos

4 asmenims

Ingridientai

4 šaukštai rafinuoto augalinio aliejaus

1 didelis svogūnas, susmulkintas

½ arbatinio šaukštelio imbiero pastos

½ arbatinio šaukštelio česnako pastos

1 arbatinis šaukštelis garam masala

2 didelės bulvės, virtos ir sutrintos

50 g / 1¾oz virtų žirnių

1 nedidelė morka, virta ir susmulkinta

žiupsnelis asafetidos

Druska pagal skonį

8 mažos žaliosios paprikos, be sėklų

metodas

- Keptuvėje įkaitinkite ½ šaukšto aliejaus. Sudėkite svogūną ir pakepinkite iki skaidrumo.
- Sudėkite likusius ingredientus, išskyrus paprikas. Gerai ismaisyti. Kepkite 3-4 minutes.
- Šiuo mišiniu užpildykite pipirus. Padėkite į šalį.
- Keptuvėje įkaitinkite likusį aliejų. Sudėkite įdarytas paprikas. Kepkite ant silpnos ugnies 7-10 minučių, retkarčiais apversdami. Patiekite karštą.

Doi Phulkopi Aloo

(Bengališko stiliaus kalafioras ir bulvės jogurte)

4 asmenims

Ingridientai

300 gramų jogurto

¼ arbatinio šaukštelio ciberžolės

1 arbatinis šaukštelis cukraus

Druska pagal skonį

200 g žiedinių kopūstų žiedynų

4 bulvės, supjaustytos kubeliais ir lengvai apkeptos

2 šaukštai garstyčių aliejaus

5 cm / 2 colių cinamono

4 žalios kardamono ankštys

6 dantys

2 lauro lapai

metodas

- Sumaišykite jogurtą, ciberžolę, cukrų ir druską. Šiuo mišiniu marinuoti žiedinius kopūstus ir bulves 20 min.
- Puode įkaitinkite aliejų. Likusius ingredientus pakepinkite 1-2 minutes.
- Sudėkite marinuotas daržoves. Virkite ant silpnos ugnies 6-7 minutes. Patiekite karštą.

Žalieji pipirai su bezanu

4 asmenims

Ingridientai

4 šaukštai rafinuoto augalinio aliejaus

½ arbatinio šaukštelio garstyčių sėklų

500 g žaliosios paprikos, išskobtos ir susmulkintos

½ arbatinio šaukštelio ciberžolės

½ arbatinio šaukštelio maltos kalendros

½ arbatinio šaukštelio maltų kmynų

500 g / 1 svaras 2 uncijų bučinys*, sumaišytas su 120 ml / 4fl oz vandens

1 arbatinis šaukštelis cukraus

Druska pagal skonį

1 valgomasis šaukštas kalendros lapelių

metodas

- Puode įkaitinkite aliejų. Sudėkite garstyčių sėklas. Palikite 15 sekundžių.
- Suberkite žaliąsias paprikas, ciberžolę, maltas kalendras ir maltus kmynus. Gerai ismaisyti. Uždenkite dangčiu ir virkite ant silpnos ugnies 5-7 minutes.

- Įpilkite bezano, cukraus ir druskos. Maišykite, kol bezanas padengs paprikas. Papuoškite kalendros lapeliais. Patiekite karštą.

Baklažanai su žirneliais

4 asmenims

Ingridientai

2 šaukštai rafinuoto augalinio aliejaus

½ arbatinio šaukštelio garstyčių sėklų

žiupsnelis asafetidos

½ arbatinio šaukštelio ciberžolės

2 dideli svogūnai, smulkiai pjaustyti

2 pomidorai, smulkiai pjaustyti

1 arbatinis šaukštelis cukraus

Druska pagal skonį

120 ml vandens

300 g smulkių baklažanų, susmulkintų

400 g / 14 uncijų šviežių žaliųjų žirnelių

25 g / šiek tiek mažiau nei 1 uncija kalendros lapų

metodas

- Puode įkaitinkite aliejų. Įpilkite garstyčių sėklų, asafetidos ir ciberžolės. Palikite 15 sekundžių.
- Sudėkite svogūnus. Kepkite iki auksinės rudos spalvos. Įpilkite pomidorų, cukraus, druskos, vandens, baklažanų ir žirnių. Gerai ismaisyti. Uždenkite dangteliu. Virkite 10 minučių ant silpnos ugnies.
- Papuoškite kalendros lapeliais. Patiekite karštą.

Bandakopir Ghonto

(Bengaliniai kopūstai su žirneliais)

4 asmenims

Ingridientai

2 šaukštai garstyčių aliejaus

1 arbatinis šaukštelis kmynų

4 susmulkintos žalios paprikos

½ arbatinio šaukštelio ciberžolės

1 arbatinis šaukštelis cukraus

150 g / 5½ uncijos kopūstų, plonais griežinėliais

400 g šaldytų žirnelių

Druska pagal skonį

¼ arbatinio šaukštelio malto cinamono

¼ arbatinio šaukštelio malto kardamono

¼ arbatinio šaukštelio maltų gvazdikėlių

metodas

- Puode įkaitinkite aliejų. Suberkite kmynus ir žaliąsias čili. Palikite 15 sekundžių.
- Suberkite ciberžolę, cukrų, kopūstą, žirnelius ir druską. Gerai ismaisyti. Uždenkite dangčiu ir virkite ant silpnos ugnies 8-10 minučių.
- Papuoškite maltu cinamonu, kardamonu ir gvazdikėliais. Patiekite karštą.

Dal Buchara

(kreminis visas juodas gramas)

4-6 asmenims

Ingridientai

600 g / 1 svaras 5 uncijos Urad Dhal*, mirkyti per naktį

2 šaukštai pupelių, mirkyti per naktį

2 litrai vandens

Druska pagal skonį

3 šaukštai sviesto

1 arbatinis šaukštelis kmynų

1 didelis svogūnas, smulkiai pjaustytas

2,5 cm imbiero šaknis, smulkiai supjaustyta

2 česnako skiltelės smulkiai pjaustytos

1 arbatinis šaukštelis čili miltelių

1 valgomasis šaukštas maltos kalendros

4 pomidorai, blanširuoti ir supjaustyti

½ arbatinio šaukštelio garam masala

2 šaukštai šviežios grietinėlės

2 šaukštai jogurto

3 šaukštai ghi

2,5 cm / 1 colio imbiero šaknis, supjaustyta julienne

2 žalios paprikos, supjaustytos išilgai

1 valgomasis šaukštas smulkiai pjaustytų kalendros lapelių

metodas

- Dhal ir pupelės nenuteka. Puode sumaišykite su vandeniu ir druska. Virkite valandą ant vidutinės ugnies. Atsargiai išmaišykite ir laikykite.

- Nedidelėje keptuvėje ištirpinkite sviestą. Suberkite kmynų sėklas. Palikite 15 sekundžių.

- Sudėkite svogūną, imbierą, česnaką, čili miltelius, kalendrą ir pomidorus. Troškinkite ant silpnos ugnies 7-8 minutes, retkarčiais pamaišydami.

- Įpilkite garam masala, grietinėlės, jogurto ir ghi. Gerai ismaisyti. Virkite 2-3 minutes.

- Įpilkite šį mišinį į dhal. Virkite 10 minučių ant silpnos ugnies.

- Papuoškite imbieru, žaliais čili pipirais ir kalendros lapeliais. Patiekite karštus su garuose virtais ryžiais, chapatti arba naan.

Methi Dahal

(Padalytas raudonas gramas su ožragėmis)

4 asmenims

Ingridientai

50 g / 1¾oz šviežių ožragės lapų, smulkiai pjaustytų

Druska pagal skonį

300 g / 10 uncijų zu arba dhal*

1,5 litro vandens

1 didelis svogūnas, smulkiai pjaustytas

2 pomidorai, smulkiai pjaustyti

2 arbatiniai šaukšteliai tamarindo pastos

1 žalia čili, supjaustyta išilgai

¼ arbatinio šaukštelio ciberžolės

¾ arbatinio šaukštelio čili miltelių

2 šaukštai tarkuoto šviežio kokoso

1 valgomasis šaukštas rudojo cukraus*, tarkuotas

Prieskoniams:

2 arbatiniai šaukšteliai rafinuoto augalinio aliejaus

½ arbatinio šaukštelio garstyčių sėklų

6 kario lapeliai

8 sulaužyti dantys

metodas

- Ožragės lapus įtrinkite trupučiu druskos ir atidėkite į šalį.

- Virkite toor dhal su vandeniu ir druska puode ant vidutinės ir stiprios ugnies 45 minutes.

- Sudėkite ožragės lapus kartu su svogūnu, pomidorais, tamarindo pasta, žaliuoju čili, ciberžole, čili milteliais, kokosu ir ruduoju cukrumi. Gerai ismaisyti. Jei reikia, įpilkite dar šiek tiek vandens. Virkite 5 minutes ant silpnos ugnies.

- Nuimti nuo ugnies. Gerai išmaišykite ir rezervuokite.

- Puode įkaitinkite aliejų. Sudėkite garstyčių sėklas, kario lapelius ir gvazdikėlius. Palikite 15 sekundžių. Supilkite tai ant dhal. Patiekite karštą.

malajų koftas

(koldūnai saldžiame padaže)

4 asmenims

Ingridientai

2,5 cm / 1 colio cinamono

6 žalios kardamono ankštys

¼ arbatinio šaukštelio malto muskato riešuto

6 dantys

3 arbatiniai šaukšteliai šviežiai maltų baltųjų pipirų

3,5 cm imbiero šaknis, tarkuota

½ arbatinio šaukštelio ciberžolės

2 česnako skiltelės, susmulkintos

2½ arbatinio šaukštelio cukraus

Druska pagal skonį

120 ml vandens

3 šaukštai ghi

360 ml pieno

120 ml / 4 fl oz skysto kremo

1 valgomasis šaukštas tarkuoto čederio sūrio

1 valgomasis šaukštas smulkiai pjaustytų kalendros lapelių

Dėl koftų:

50 g / 1¾oz Khoya*

50 g panelės*

4 didelės bulvės, virtos ir sutrintos

4-5 žalios paprikos, smulkiai pjaustytos

1 cm imbiero šaknis, tarkuota

1 arbatinis šaukštelis smulkintos kalendros

½ arbatinio šaukštelio kmynų

Druska pagal skonį

20 gramų razinų

20 g anakardžių riešutų

metodas

- Koftams sumaišykite visus koftos ingredientus, išskyrus razinas ir anakardžių riešutus, į vientisą tešlą.

- Šią tešlą padalinkite į graikinio riešuto dydžio rutuliukus. Į kiekvieno rutulio centrą išspauskite 2–3 razinas ir anakardžius.

- Kepkite rutuliukus 200°C orkaitėje (400°F / 6 dujų žyma) 5 minutes. Padėkite juos į šalį.

- Padažui cinamoną, kardamoną, muskato riešutą ir gvazdikėlius sausai paskrudinkite keptuvėje ant silpnos ugnies 1 minutę. Susmulkinti ir rezervuoti.

- Pipirus, imbierą, ciberžolę, česnaką, cukrų ir druską sutrinkite su vandeniu. Padėkite į šalį.

- Puode įkaitinkite ghi. Įpilkite cinamono kardamono mišinio. Kepkite minutę ant vidutinės ugnies.

- Įpilkite pipirų ir imbiero mišinio. Kepkite 5-7 minutes, retkarčiais pamaišydami.

- Įpilkite pieno ir grietinėlės. Troškinkite ant silpnos ugnies 15 minučių, retkarčiais pamaišydami.

- Sudėkite karštą koftą į puodą.

- Padažą užpilame ant koftos ir papuošiame sūriu bei kalendros lapeliais. Patiekite karštą.

- Arba koftus užpylus padažu, kepkite iki 200°C (400°F, dujų žyma 6) įkaitintoje orkaitėje 5 minutes. Papuoškite sūriu ir kalendros lapeliais. Patiekite karštą.

Aloo Palak

(Virtos bulvės su špinatais)

už 6

Ingridientai

300 g špinatų, susmulkintų ir išvirtų

2 žalios paprikos, supjaustytos išilgai

4 šaukštai ghi

2 didelės bulvės, virtos ir supjaustytos kubeliais

½ arbatinio šaukštelio kmynų

2,5 cm / 1 colio imbiero šaknis, supjaustyta julienne

2 dideli svogūnai, smulkiai pjaustyti

3 pomidorai, smulkiai pjaustyti

1 arbatinis šaukštelis čili miltelių

½ arbatinio šaukštelio malto cinamono

½ arbatinio šaukštelio maltų gvazdikėlių

¼ arbatinio šaukštelio ciberžolės

½ arbatinio šaukštelio garam masala

½ arbatinio šaukštelio viso grūdo miltų

1 arbatinis šaukštelis citrinos sulčių

Druska pagal skonį

½ šaukšto sviesto

Didelis žiupsnelis Asantida

metodas

- Špinatus su žaliosiomis paprikomis sutrinkite trintuvu. Padėkite į šalį.
- Puode įkaitinkite ghi. Sudėkite bulves ir kepkite ant vidutinės ugnies iki auksinės spalvos ir traškios. Nusausinkite juos ir rezervuokite.
- Į tą patį ghi suberkite kmynų sėklas. Palikite 15 sekundžių.
- Pridėti imbierą ir svogūną. Kepkite juos ant vidutinės ugnies 2-3 minutes.
- Sudėkite likusius ingredientus, išskyrus sviestą ir asantida. Virkite mišinį ant vidutinės-stiprios ugnies 3-4 minutes, periodiškai maišydami.
- Sudėkite špinatus ir bulves. Gerai išmaišykite ir virkite ant silpnos ugnies 2-3 minutes. Atidėkite mišinį į šalį.
- Nedideliame puode įkaitinkite sviestą. Pridėti asantida. Palikite 5 sekundes.
- Nedelsdami užpilkite šiuo mišiniu ant Aloo Palak. Švelniai išmaišykite. Patiekite karštą.

PRANEŠIMAS:*Bulves galite pakeisti šviežiais žirneliais arba kukurūzų branduoliais.*

Dum ka Karela

(lėtai virtas kartusis moliūgas)

4 asmenims

Ingridientai

12 karčiųjų moliūgų*

Druska pagal skonį

500 ml vandens

1 arbatinis šaukštelis ciberžolės

1 arbatinis šaukštelis imbiero pastos

1 arbatinis šaukštelis česnako pasta

Sviestas tepimui ir tepimui

Įdarui:

1 valgomasis šaukštas kapotų šviežių kokosų

60 gramų žemės riešutų

1 valgomasis šaukštas sezamo

1 arbatinis šaukštelis kmynų

2 dideli svogūnai

2,5 cm / 1 colio imbiero šaknis, supjaustyta julienne

2 arbatinius šaukštelius rudojo cukraus*, tarkuotas

1½ arbatinio šaukštelio maltos kalendros

1 arbatinis šaukštelis čili miltelių

Druska pagal skonį

150 g panelės*, tarkuotas

Prieskoniams:

3 šaukštai rafinuoto augalinio aliejaus

10 kario lapelių

½ arbatinio šaukštelio kmynų

½ arbatinio šaukštelio garstyčių sėklų

¼ arbatinio šaukštelio ožragės sėklų

metodas

- Karčiuosius moliūgus vieną kartą perpjaukite išilgai, atsargiai, kad dugnas nepažeistų. Linkiu jums. Įtrinkite juos druska ir palikite pastovėti 1 valandą.
- Puode sumaišykite vandenį su ciberžole, imbiero pasta, česnako pasta ir trupučiu druskos ir virkite ant vidutinės ugnies 5-7 minutes. Sudėkite karčiuosius moliūgus. Virkite, kol suminkštės. Nusausinkite ir laikykite.
- Įdarui sausai paskrudinkite visus įdarui skirtus ingredientus, išskyrus plokštę. Sumaišykite sausą kepsnio mišinį su 60 ml vandens. Sumalkite, kol gausite smulkią pastą.
- Pridėkite skydelį. Gerai sumaišykite su maltais makaronais. Padėkite į šalį.

- Keptuvėje įkaitinkite aliejų. Sudėkite prieskonių ingredientus. Palikite 15 sekundžių.
- Supilkite tai ant įdaro mišinio. Gerai ismaisyti. Padalinkite įdarą į 12 lygių dalių.
- Į kiekvieną kartaus moliūgą įdėkite po porciją. Sudėkite juos įdaryta puse į viršų ant riebalais išteptos kepimo skardos. Aliuminio folijos lakšte pradurkite kelias skylutes ir jomis užsandarinkite dubenį.
- Karčiuosius moliūgus kepkite 140°C (275°F, dujų žyma 1) orkaitėje 30 minučių, periodiškai pabarstydami. Patiekite karštą.

Navratna karis

(įvairių daržovių karis)

4 asmenims

Ingridientai

100 gramų šparaginių pupelių

2 didelės morkos

100 gramų žiedinių kopūstų

200 gramų žirnių

360 ml vandens

4 šaukštai ghi ir papildomai kepimui

2 bulvės, supjaustytos

150 g panelės*, Supjaustyti gabalėliais

2 pomidorai, sutrinti

2 didelės žaliosios paprikos, supjaustytos ilgomis juostelėmis

150 g anakardžių riešutų

250 gramų razinų

2 arbatinius šaukštelius cukraus

Druska pagal skonį

200 g jogurto, išplakto

2 griežinėliai ananaso, supjaustyti

keletas vyšnių

Prieskonių mišiniui:

6 skiltelės česnako

2 žalios paprikos

4 džiovintos raudonosios paprikos

1 colio imbiero šaknis

2 arbatiniai šaukšteliai kalendros sėklų

1 arbatinis šaukštelis kmynų

1 arbatinis šaukštelis juodųjų kmynų sėklų

3 žalios kardamono ankštys

metodas

- Supjaustykite pupeles, morkas ir žiedinius kopūstus. Sumaišykite juos su žirneliais ir vandeniu. Virkite šį mišinį puode ant vidutinės-stiprios ugnies 7-8 minutes. Padėkite į šalį.
- Keptuvėje įkaitinkite ghi kepimui. Sudėkite bulves ir panerą. Kepkite juos ant vidutinės ugnies iki auksinės rudos spalvos. Nusausinkite juos ir rezervuokite.
- Sutrinkite visus prieskonių mišinio ingredientus, kol susidarys pasta. Padėkite į šalį.
- Keptuvėje įkaitinkite 4 šaukštus ghi. Įpilkite prieskonių pastos. Kepkite ant vidutinės ugnies 1-2 minutes nuolat maišydami.
- Sudėkite pomidorų tyrę, paprikas, anakardžius, razinas, cukrų ir druską. Gerai ismaisyti.

- Sudėkite virtas daržoves, keptą panelę ir bulves bei jogurtą. Maišykite, kol jogurtas ir pomidorų tyrė padengs likusius ingredientus. Virkite ant silpnos ugnies 10-15 minučių.
- Papuoškite Navratna karį ananaso griežinėliais ir vyšniomis. Patiekite karštą.

Sumaišyta daržovių kofta pomidorų karyje

4 asmenims

Ingridientai

Dėl koftos:

125 g / 4½ uncijos šaldytų kukurūzų

125 g šaldytų žirnelių

60 g prancūziškų pupelių, susmulkintų

60 g morkų, smulkiai pjaustytų

375 g / 13 uncijų mizzen*

½ arbatinio šaukštelio čili miltelių

žiupsnelis ciberžolės

1 arbatinis šaukštelis amchoro*

1 arbatinis šaukštelis maltos kalendros

½ arbatinio šaukštelio maltų kmynų

Druska pagal skonį

Rafinuotas augalinis aliejus kepimui

Dėl kario:

4 pomidorai, smulkiai pjaustyti

2 arbatinius šaukštelius pomidorų pastos

1 arbatinis šaukštelis malto imbiero

½ arbatinio šaukštelio čili miltelių

¼ arbatinio šaukštelio cukraus

¼ arbatinio šaukštelio malto cinamono

2 dantys

Druska pagal skonį

1 valgomasis šaukštas panelės*, tarkuotas

25 g kalendros lapelių, smulkiai pjaustytų

metodas
- Koftai puode sumaišykite kukurūzus, žirnius, pupeles ir morkas. Mišinį užvirinkite.
- Parvirtą mišinį su likusiais koftos ingredientais, išskyrus aliejų, sutrinkite į vientisą tešlą. Tešlą padalinkite į citrinos dydžio rutuliukus.
- Keptuvėje įkaitinkite aliejų. Sudėkite kofta rutuliukus. Kepkite juos ant vidutinės ugnies iki auksinės rudos spalvos. Nusausinkite koftas ir atidėkite į šalį.
- Kariui sumaišykite visus kario ingredientus, išskyrus panelę ir kalendros lapus, puode.
- Virkite šį mišinį ant vidutinės ugnies 15 minučių, dažnai maišydami.
- Likus 15 minučių prieš patiekiant, švelniai pridėkite koftas į karį.
- Papuoškite panele ir kalendros lapeliais. Patiekite karštą.

Muthias baltame padaže

(panerio ir ožragės kotletai baltame padaže)

4 asmenims

Ingridientai

1 valgomasis šaukštas anakardžių riešutų

1 valgomasis šaukštas lengvai skrudintų žemės riešutų

1 riekelė baltos duonos

1 vidutinio dydžio svogūnas, smulkiai pjaustytas

1 colio imbiero šaknis

3 žalios paprikos

1 arbatinis šaukštelis aguonų, pamirkytų 2 šaukštuose pieno 1 val

2 šaukštai ghi

240 ml pieno

1 arbatinis šaukštelis cukraus pudros

Žiupsnelis malto cinamono

Žiupsnelis maltų gvazdikėlių

120 ml / 4 fl oz skysto kremo

Druska pagal skonį

200 gramų jogurto

Dėl Muthias:

Paneris 300g / 10oz*, skilimas

1 valgomasis šaukštas smulkiai pjaustytų ožragės lapų

1 valgomasis šaukštas paprastų baltų miltų

Druska pagal skonį

Čili milteliai pagal skonį

Ghi kepimui

metodas

- Sumaišykite visus Muthia ingredientus, išskyrus ghi, į vientisą tešlą. Tešlą padalinkite į graikinio riešuto dydžio rutuliukus.
- Keptuvėje įkaitinkite ghi. Sudėkite rutuliukus ir kepkite ant vidutinės ugnies iki auksinės rudos spalvos. Padėkite į šalį.
- Anakardžius, skrudintus žemės riešutus ir duoną sumalkite su pakankamai vandens, kad susidarytų pasta. Atidėkite mišinį į šalį.
- Svogūną, imbierą, čili pipirus ir aguonas sutrinkite į pastą su pakankamai vandens. Atidėkite mišinį į šalį.

- Keptuvėje įkaitinkite ghi. Sudėkite svogūnų ir imbiero mišinį. Skrudinkite iki rudos spalvos.
- Sudėkite visus likusius ingredientus ir žemės riešutų anakardžių pastą. Gerai ismaisyti. Troškinkite ant silpnos ugnies 15 minučių, dažnai maišydami.
- Pridėti muthien. Švelniai išmaišykite. Patiekite karštą.

rudasis karis

4 asmenims

Ingridientai

2 žalios kardamono ankštys

2 dantys

2 juodųjų pipirų žirneliai

1 cm cinamono

1 lauro lapas

2 džiovintos raudonosios paprikos

1 arbatinis šaukštelis viso grūdo miltų

2 šaukštai rafinuoto augalinio aliejaus

1 didelis svogūnas, supjaustytas

1 arbatinis šaukštelis kmynų

žiupsnelis asafetidos

1 didelė žalioji paprika, pasūdyta

2,5 cm / 1 colio imbiero šaknis, supjaustyta julienne

4 česnako skiltelės, susmulkintos

½ arbatinio šaukštelio čili miltelių

¼ arbatinio šaukštelio ciberžolės

1 arbatinis šaukštelis maltos kalendros

2 dideli pomidorai, smulkiai pjaustyti

1 valgomasis šaukštas tamarindo pastos

Druska pagal skonį

1 valgomasis šaukštas smulkiai pjaustytų kalendros lapelių

metodas

- Kardamoną, gvazdikėlius, pipirų žirnelius, cinamoną, lauro lapą ir raudonąsias paprikas sutrinkite iki smulkių miltelių. Padėkite į šalį.
- Nuolat maišydami išdžiovinkite miltus iki šviesiai rausvos spalvos. Padėkite į šalį.
- Puode įkaitinkite aliejų. Sudėkite svogūną. Kepkite ant vidutinės ugnies iki auksinės rudos spalvos. Nusausinkite ir trinkite, kol susidarys daili pasta. Padėkite į šalį.
- Įkaitinkite tą patį aliejų ir suberkite kmynų sėklas. Palikite 15 sekundžių.
- Įpilkite asafetidos, žaliųjų pipirų, imbiero ir česnako. Patroškinkite minutę.
- Sudėkite likusius ingredientus, išskyrus kalendros lapus. Gerai ismaisyti.
- Sudėkite kardamono ir maltų gvazdikėlių mišinį, sausus skrudintus miltus ir svogūnų pastą. Gerai ismaisyti.
- Virkite ant silpnos ugnies 10-15 minučių.
- Papuoškite kalendros lapeliais. Patiekite karštą.

PRANEŠIMAS:*Šis karis puikiai dera su daržovėmis, tokiomis kaip bulvės su lupenomis, žirniai ir troškinti baklažanų gabalėliai.*

deimantinis karis

4 asmenims

Ingridientai

2-3 šaukštai rafinuoto augalinio aliejaus

2 dideli svogūnai, sumalti į košę

1 arbatinis šaukštelis imbiero pastos

1 arbatinis šaukštelis česnako pasta

2 dideli pomidorai, sutrinti

1-2 žalios paprikos

½ arbatinio šaukštelio ciberžolės

1 valgomasis šaukštas maltų kmynų

½ arbatinio šaukštelio garam masala

½ arbatinio šaukštelio cukraus

Druska pagal skonį

250 ml vandens

Prie deimantų:

250 gramų pikantiško*

200 ml vandens

1 valgomasis šaukštas rafinuoto augalinio aliejaus

1 žiupsnelis asafetidos

½ arbatinio šaukštelio kmynų

25 g kalendros lapelių, smulkiai pjaustytų

2 smulkiai pjaustytos žalios paprikos

Druska pagal skonį

metodas

- Padažui puode įkaitinkite aliejų. Įpilkite svogūnų pastos. Kepkite pastą ant vidutinės ugnies, kol ji taps permatoma.
- Įpilkite imbiero pastos ir česnako pastos. Pakepinkite minutę.
- Sudėkite likusius ingredientus, išskyrus deimantinius ingredientus. Gerai ismaisyti. Uždenkite dangčiu ir palikite mišinį troškintis 5-7 minutes. Padažą atidėkite į šalį.
- Deimantams bezaną atsargiai sumaišykite su vandeniu, kad susidarytų tiršta tešla. Venkite gabalėlių susidarymo. Padėkite į šalį.
- Puode įkaitinkite aliejų. Sudėkite asafetidą ir kmynus. Palikite 15 sekundžių.
- Sudėkite pupelių tešlą ir visus likusius deimantinius ingredientus. Nuolat maišykite ant vidutinės-stiprios ugnies, kol mišinys atsitrauks nuo keptuvės kraštų.
- 15×35 cm nepridegančią kepimo skardą ištepkite riebalais. Supilkite tešlą ir išlyginkite mentele. Palikite 20 minučių. Iškirpti deimanto forma.
- Deimantus sudėkite į padažą. Patiekite karštą.

daržovių troškinys

4 asmenims

Ingridientai

1 valgomasis šaukštas paprastų baltų miltų

3 šaukštai rafinuoto augalinio aliejaus

4 dantys

2,5 cm / 1 colio cinamono

2 žalios kardamono ankštys

1 nedidelis svogūnas, supjaustytas kubeliais

1 cm imbiero šaknis, susmulkinta

2-5 žalios paprikos, supjaustytos išilgai

10 kario lapelių

150 g / 5½ uncijos šaldytų daržovių mišinių

600 ml / 1 pint kokoso pieno

Druska pagal skonį

1 valgomasis šaukštas acto

1 arbatinis šaukštelis maltų juodųjų pipirų

1 arbatinis šaukštelis garstyčių sėklų

1 pjaustytas askaloninis česnakas

metodas

- Miltus sumaišykite su pakankamai vandens, kad susidarytų tiršta pasta. Padėkite į šalį.
- Puode įkaitinkite 2 šaukštus aliejaus. Sudėkite gvazdikėlius, cinamoną ir kardamoną. Leiskite jiems šnypšti 30 sekundžių.
- Sudėkite svogūną, imbierą, čili pipirus ir kario lapelius. Troškinkite mišinį ant vidutinės ugnies 2-3 minutes.
- Įpilkite daržovių, kokosų pieno ir druskos. Maišykite 2-3 minutes.
- Įpilkite miltų pastos. Virkite 5-7 minutes nuolat maišydami.
- Įpilkite acto. Gerai ismaisyti. Troškinkite dar minutę ant silpnos ugnies. Troškinį atidėkite į šalį.
- Puode įkaitinkite likusį aliejų. Suberkite pipirus, garstyčių sėklas ir askaloninius česnakus. Kepkite 1 minutę.
- Šiuo mišiniu užpilkite troškinį. Patiekite karštą.

Grybų žirnių karis

4 asmenims

Ingridientai

2 žalios paprikos

1 valgomasis šaukštas aguonų

2 žalios kardamono ankštys

1 valgomasis šaukštas anakardžių riešutų

1 cm imbiero šaknis

½ šaukšto ghi

1 didelis svogūnas, smulkiai pjaustytas

4 smulkiai pjaustytų česnako skiltelių

400 g grybų, supjaustytų

200 g konservuotų žirnelių

Druska pagal skonį

1 valgomasis šaukštas jogurto

1 valgomasis šaukštas grietinėlės

10 g / ¼ uncijos kalendros lapų, smulkiai pjaustytų

metodas

- Žaliuosius čili pipirus, aguonas, kardamoną, anakardžius ir imbierą sutrinkite į tirštą tyrę. Padėkite į šalį.
- Puode įkaitinkite ghi. Sudėkite svogūną. Kepkite ant vidutinės ugnies iki skaidrumo.
- Įpilkite česnako ir maltų žaliųjų čili bei aguonų mišinio. Kepkite 5-7 minutes.
- Sudėkite grybus ir žirnius. Kepkite 3-4 minutes.
- Įpilkite druskos, jogurto ir grietinėlės. Gerai ismaisyti. Troškinkite ant silpnos ugnies 5-7 minutes, retkarčiais pamaišydami.
- Papuoškite kalendros lapeliais. Patiekite karštą.

Navratan Korma

(aštrūs daržovių mišiniai)

4 asmenims

Ingridientai

1 arbatinis šaukštelis kmynų

2 arbatiniai šaukšteliai aguonų

3 žalios kardamono ankštys

1 didelis svogūnas, smulkiai pjaustytas

25 g kokoso, tarkuoto

3 žalios paprikos, supjaustytos išilgai

3 šaukštai ghi

15 anakardžių riešutų

3 šaukštai sviesto

400 g konservuotų žirnelių

2 morkos, virtos ir susmulkintos

1 mažas obuolys, smulkiai pjaustytas

2 ananaso griežinėliai smulkiai supjaustyti

125 g jogurto

60 ml / 2 fl oz skysto kremo

Pomidorų kečupas 120 ml / 4fl oz

20 razinų

Druska pagal skonį

1 valgomasis šaukštas tarkuoto čederio sūrio

1 valgomasis šaukštas smulkiai pjaustytų kalendros lapelių

2 glazūruotos vyšnios

metodas

- Kmynų sėklas ir aguonas sutrinkite į smulkius miltelius. Padėkite į šalį.
- Kardamoną, svogūną, kokosą ir žaliąją čili sutrinkite, kol gausite tirštą pasta. Padėkite į šalį.
- šilumos ghi. Suberkite anakardžių riešutus. Kepkite juos ant vidutinės ugnies iki auksinės rudos spalvos. Nusausinkite juos ir atidėkite į šalį. Neišmeskite ghi.
- Supilkite sviestą į ghi ir gerai išmaišykite mišinį minutę.
- Sudėkite kardamono ir svogūnų mišinį. Troškinkite ant vidutinės ugnies 2 minutes.
- Sudėkite žirnelius, morkas, obuolį ir ananasą. Troškinkite mišinį 5-6 minutes.
- Sudėkite kmynų ir aguonų mišinį. Virkite dar minutę ant silpnos ugnies.
- Įpilkite jogurto, grietinėlės, kečupo, razinų ir druskos. Maišykite mišinį ant silpnos ugnies 7-8 minutes.
- Papuoškite kormą sūriu, kalendros lapeliais, vyšniomis ir keptais anakardžiais. Patiekite karštą.

Sindhi Sai Bhaji*

(Sindhi aštrios daržovės)

4 asmenims

Ingridientai

3 šaukštai rafinuoto augalinio aliejaus

1 didelis svogūnas susmulkintas

3 žalios paprikos, supjaustytos išilgai

6 smulkiai pjaustytų česnako skiltelių

1 morka smulkiai pjaustyta

1 didelė žalia paprika, smulkiai pjaustyta

1 mažas kopūstas, smulkiai pjaustytas

1 didelė bulvė, smulkiai pjaustyta

1 smulkiai pjaustytas baklažanas

100 g okra, susmulkinta

100 g šparaginių pupelių, smulkiai pjaustytų

150 g špinatų lapų, smulkiai pjaustytų

100 g / 3½ uncijos kalendros lapų, smulkiai pjaustytų

300 g masoor dhal*, pamirkyti 30 minučių ir nusausinti

150 g mung dhal*, pamirkyti 30 minučių ir nusausinti

750 ml / 1¼ pintos vandens

1 arbatinis šaukštelis čili miltelių

1 arbatinis šaukštelis maltos kalendros

½ arbatinio šaukštelio ciberžolės

1 arbatinis šaukštelis druskos

1 pomidoras

½ šaukšto ghi

žiupsnelis asafetidos

metodas

- Didelėje keptuvėje įkaitinkite aliejų. Sudėkite svogūną. Kepkite ant vidutinės ugnies iki skaidrumo.
- Sudėkite žalią čili ir česnaką. Pakepinkite dar minutę.
- Sudėkite visus likusius ingredientus, išskyrus pomidorą, ghi ir asafetida. Gerai ismaisyti. Uždenkite dangčiu ir nuolat maišydami troškinkite 10 minučių.
- Visą pomidorą uždėkite ant daržovių mišinio, vėl uždenkite ir virkite mišinį dar 30 minučių.
- Nukelkite nuo viryklės ir turinį sutrinkite į didelius gabalėlius. Atidėkite bhaji į šalį.
- Puode įkaitinkite ghi. Pridėti asantida. Palikite 10 sekundžių. Supilkite tiesiai ant Bhaji. Mišinį gerai išmaišykite. Patiekite karštą.

Nawabi burokėliai

(turtinga ropė)

4 asmenims

Ingridientai

500 g vidutinių ropių, nuluptų

125 g jogurto

120 ml / 4 fl oz skysto kremo

Druska pagal skonį

2,5 cm / 1 colio imbiero šaknis, supjaustyta julienne

100 g šviežių žirnelių

1 valgomasis šaukštas citrinos sulčių

1 valgomasis šaukštas rafinuoto augalinio aliejaus

2 sviesto šaukštai

1 didelis svogūnas sutarkuotas

6 česnako skiltelės, susmulkintos

1 arbatinis šaukštelis čili miltelių

žiupsnelis ciberžolės

1 arbatinis šaukštelis garam masala

250 g tarkuoto čederio sūrio

50 g kalendros lapelių, smulkiai pjaustytų

metodas

- Ištuštinkite burokėlius. Neišmeskite surinktų porcijų. Padėkite į šalį.
- Sumaišykite 2 šaukštus jogurto, 2 šaukštus grietinėlės ir druską.
- Į šį mišinį sudėkite tuščiavidurius burokėlius, kad jie gerai pasidengtų.
- Šiuos burokėlius troškinkite ant vidutinės ugnies 5-7 minutes. Padėkite į šalį.
- Ištrauktas burokėlių porcijas sumaišykite su imbieru, žirneliais, citrinos sultimis ir druska.
- Puode įkaitinkite aliejų. Sudėkite burokėlių ir imbiero mišinį. Troškinkite ant vidutinės ugnies 4-5 minutes.
- Šiuo mišiniu įdarykite garuose virtus burokėlius. Padėkite į šalį.
- Puode įkaitinkite sviestą. Sudėkite svogūną ir česnaką. Kepkite juos ant vidutinės ugnies, kol svogūnas taps skaidrus.
- Sudėkite likusią grietinėlę, čili miltelius, ciberžolę ir garam masala. Gerai ismaisyti. Virkite 4-5 minutes.
- Sudėkite įdarytus burokėlius, likusį jogurtą ir sūrį. Troškinkite 2-3 minutes ir suberkite kalendros lapelius. Patiekite karštą.

Baghara Baingan

(Aštrūs ir aštrūs baklažanai)

4 asmenims

Ingridientai

1 valgomasis šaukštas kalendros sėklų

1 valgomasis šaukštas aguonų

1 valgomasis šaukštas sezamo

½ arbatinio šaukštelio kmynų

3 džiovintos raudonosios paprikos

100 g / 3½ uncijos tarkuoto šviežio kokoso

3 dideli svogūnai, smulkiai pjaustyti

1 colio imbiero šaknis

5 šaukštai rafinuoto augalinio aliejaus

500 g baklažanų, susmulkintų

8 kario lapeliai

½ arbatinio šaukštelio ciberžolės

½ arbatinio šaukštelio čili miltelių

3 žalios paprikos, supjaustytos išilgai

8 kario lapeliai

1½ arbatinio šaukštelio tamarindo pastos

250 ml vandens

Druska pagal skonį

metodas

- Sausai pakepinkite kalendrą, aguonas, sezamo, kmynų ir raudonųjų čili sėklas 1-2 minutes. Padėkite į šalį.
- Kokosą, 1 svogūną ir imbierą sutrinkite į tirštą tyrę. Padėkite į šalį.
- Puode įkaitinkite pusę aliejaus. Sudėkite baklažanus. Kepkite ant vidutinės ugnies 5 minutes, karts nuo karto apversdami. Nusausinkite juos ir atidėkite į šalį.
- Puode įkaitinkite likusį aliejų. Sudėkite kario laiškus ir likusius svogūnus. Kepkite juos ant vidutinės ugnies, kol svogūnai taps auksiniai.
- Įpilkite kokoso pastos. Patroškinkite minutę.
- Sudėkite likusius ingredientus. Gerai ismaisyti. Virkite ant silpnos ugnies 3-4 minutes.
- Sudėkite sausų skrudintų kalendrų sėklų ir aguonų mišinį. Gerai ismaisyti. Tęskite virti 2-3 minutes.
- Sudėkite keptus baklažanus. Mišinį gerai išmaišykite. Virkite 3-4 minutes. Patiekite karštą.

Garuose virtų morkų kofta

4 asmenims

Ingridientai

2 šaukštai rafinuoto augalinio aliejaus

2 dideli svogūnai, sutarkuoti

6 pomidorai, smulkiai pjaustyti

1 valgomasis šaukštas jogurto

1 arbatinis šaukštelis garam masala

Dėl koftos:

2 didelės morkos, sutarkuotos

125 g pikantiško*

125 g viso grūdo miltų

150 g / 5½ uncijos tarkuotų kviečių

1 arbatinis šaukštelis garam masala

½ arbatinio šaukštelio ciberžolės

1 arbatinis šaukštelis čili miltelių

¼ arbatinio šaukštelio citrinos rūgšties

½ arbatinio šaukštelio kepimo sodos

2 arbatiniai šaukšteliai rafinuoto augalinio aliejaus

Druska pagal skonį

Dėl pastos:

3 arbatiniai šaukšteliai kalendros sėklų

1 arbatinis šaukštelis kmynų

4 juodųjų pipirų žirneliai

3 dantys

5 cm / 2 colių cinamono

2 žalios kardamono ankštys

3 arbatiniai šaukšteliai tarkuoto šviežio kokoso

6 raudoni čili pipirai

Druska pagal skonį

2 šaukštai vandens

metodas

- Visus kofta ingredientus minkykite su pakankamai vandens, kol susidarys vientisa tešla. Tešlą padalinkite į graikinio riešuto dydžio rutuliukus.
- Rutuliukus troškinkite garuose ant vidutinės-stiprios ugnies 7-8 minutes. Padėkite į šalį.
- Sumaišykite visus makaronų ingredientus, išskyrus vandenį. Sausai kepkite mišinį ant vidutinės ugnies 2-3 minutes.
- Į mišinį įpilkite vandens ir sumalkite iki vientisos masės. Padėkite į šalį.
- Puode įkaitinkite aliejų. Sudėkite susmulkintus svogūnus. Kepkite ant vidutinės ugnies iki skaidrumo.
- Įpilkite pomidorų, jogurto, garam masala ir maltų makaronų. Troškinkite mišinį 2-3 minutes.
- Sudėkite garuose iškeptus rutuliukus. Gerai ismaisyti. Virkite mišinį ant silpnos ugnies 3-4 minutes, periodiškai maišydami. Patiekite karštą.

dhingri shabnam

(Paneer mėsos kukuliai, įdaryti grybais)

4 asmenims

Ingridientai

450 g panelės*

125 gramai baltų miltų

60 ml vandens

Rafinuotas augalinis aliejus ir papildomai kepimui

¼ arbatinio šaukštelio garam masala

Įdarui:

100 gramų grybų

1 arbatinis šaukštelis nesūdyto sviesto

8 kapotų anakardžių riešutų

16 razinų

2 šaukštai khoya*

1 valgomasis šaukštas panelės*

1 valgomasis šaukštas smulkiai pjaustytų kalendros lapelių

1 žalia čili, susmulkinta

Padažui:

2 šaukštai rafinuoto augalinio aliejaus

¼ arbatinio šaukštelio ožragės sėklų

1 svogūnas smulkiai pjaustytas

1 arbatinis šaukštelis česnako pasta

1 arbatinis šaukštelis imbiero pastos

¼ arbatinio šaukštelio ciberžolės

7-8 anakardžių riešutai, malti

50 gramų jogurto

1 didelis svogūnas, susmulkintas į pasta

750 ml / 1¼ pintos vandens

Druska pagal skonį

metodas

- Panerį ir miltus sumaišykite su 60 ml vandens, kad susidarytų vientisa tešla. Tešlą padalinkite į 8 rutuliukus. Išlyginkite griežinėliais. Padėkite į šalį.
- Įdarui grybus supjaustykite griežinėliais.
- Keptuvėje įkaitinkite sviestą. Sudėkite supjaustytus grybus. Troškinkite juos ant vidutinės ugnies minutę.
- Nukelkite nuo ugnies ir įmaišykite likusius įdarui skirtus ingredientus.
- Padalinkite šį mišinį į 8 lygias dalis.
- Ant kiekvienos džiūvėsėlių riekelės dėkite po porciją įdaro. Sudėti į maišelius ir suploti į rutuliukus, kad susidarytų koftas.

- Keptuvėje įkaitinkite aliejų kepimui. Sudėkite koftas. Kepkite juos ant vidutinės ugnies iki auksinės rudos spalvos. Nusausinkite juos ir atidėkite į šalį.
- Padažui puode įkaitinkite 2 šaukštus aliejaus. Suberkite ožragės sėklas. Palikite 15 sekundžių.
- Sudėkite svogūną. Troškinkite ant vidutinės ugnies iki skaidrumo.
- Sudėkite likusius padažo ingredientus. Gerai ismaisyti. Virkite ant silpnos ugnies 8-10 minučių.
- Nukelkite nuo ugnies ir padažą perkoškite per sriubos sietelį į atskirą puodą.
- Atsargiai supilkite koftas į perkoštą padažą.
- Leiskite šiam mišiniui virti 5 minutes, švelniai maišydami.
- Pabarstykite garam masala ant dhingri shabnam. Patiekite karštą.

Xacutti grybas

(Aštrūs kario grybai iš Goa)

4 asmenims

Ingridientai

4 šaukštai rafinuoto augalinio aliejaus

3 raudoni čili pipirai

2 dideli svogūnai, smulkiai pjaustyti

1 tarkuoto kokoso

2 arbatiniai šaukšteliai kalendros sėklų

4 juodųjų pipirų žirneliai

½ arbatinio šaukštelio ciberžolės

1 arbatinis šaukštelis aguonų

2,5 cm / 1 colio cinamono

2 dantys

2 žalios kardamono ankštys

½ arbatinio šaukštelio kmynų

½ arbatinio šaukštelio pankolio sėklų

5 česnako skiltelės, susmulkintos

Druska pagal skonį

2 pomidorai, smulkiai pjaustyti

1 arbatinis šaukštelis tamarindo pastos

500 g grybų, susmulkintų

1 valgomasis šaukštas smulkiai pjaustytų kalendros lapelių

metodas

- Puode įkaitinkite 3 šaukštus aliejaus. Pridėti raudonųjų čili. Kepkite ant vidutinės ugnies 20 sekundžių.
- Sudėkite svogūnus ir kokosus. Kepkite mišinį iki auksinės rudos spalvos. Padėkite į šalį.
- Įkaitinkite puodą. Įpilkite kalendros sėklų, pipirų žirnelių, ciberžolės, aguonų, cinamono, gvazdikėlių, kardamono, kmynų sėklų ir pankolio sėklų. Sausai kepkite mišinį 1-2 minutes nuolat maišydami.
- Įpilkite česnako ir druskos. Gerai ismaisyti. Sausas kepsnys dar minutę. Nukelkite nuo ugnies ir sutrinkite iki vientisos masės.
- Įkaitinkite likusį aliejų. Sudėkite pomidorus ir tamarindo pastą. Šį mišinį kepkite ant vidutinės ugnies vieną minutę.
- Sudėkite grybus. Kepkite 2-3 minutes.
- Įpilkite kalendros sėklų ir pipirų mišinio bei svogūnų ir kokosų mišinio. Gerai ismaisyti. Troškinkite ant silpnos ugnies 3-4 minutes.
- Papuoškite grybą xacutti kalendros lapeliais. Patiekite karštą.

Paneris ir kukurūzų karis

4 asmenims

Ingridientai

3 dantys

2,5 cm / 1 colio cinamono

3 juodųjų pipirų žirneliai

1 valgomasis šaukštas susmulkintų anakardžių riešutų

1 valgomasis šaukštas aguonų

3 šaukštai šilto pieno

2 šaukštai rafinuoto augalinio aliejaus

1 didelis svogūnas sutarkuotas

2 lauro lapai

½ arbatinio šaukštelio imbiero pastos

½ arbatinio šaukštelio česnako pastos

1 arbatinis šaukštelis raudonųjų čili miltelių

4 pomidorai, sutrinti

125 g jogurto, išplakto

2 šaukštai grietinėlės

1 arbatinis šaukštelis cukraus

½ arbatinio šaukštelio garam masala

Paneris 250g / 9oz*, Sukapotas

200 g kukurūzų grūdų, virtų

Druska pagal skonį

2 šaukštai kalendros lapų

metodas

- Gvazdikėlius, cinamoną ir pipirų žirnelius sutrinkite iki smulkių miltelių. Padėkite į šalį.
- Anakardžių riešutus ir aguonas 30 minučių pamirkykite šiltame piene. Padėkite į šalį.
- Puode įkaitinkite aliejų. Sudėkite svogūną ir lauro lapus. Kepkite juos ant vidutinės ugnies minutę.
- Įpilkite maltų gvazdikėlių, cinamono ir pipirų miltelių bei anakardžių, aguonų ir pieno mišinio.
- Įpilkite imbiero pastos, česnako pastos ir raudonųjų čili miltelių. Gerai ismaisyti. Pakepinkite minutę.
- Sudėkite pomidorus. Troškinkite mišinį ant silpnos ugnies 2-3 minutes.
- Įpilkite jogurto, riebios grietinėlės, cukraus, garam masala, paneer, kukurūzų burbuolių ir druskos. Mišinį gerai išmaišykite. Troškinkite ant silpnos ugnies 7-8 minutes, reguliariai maišydami.
- Papuoškite karį kalendros lapeliais. Patiekite karštą.

Basantas Baharas

(aštrūs žali pomidorai padaže)

4 asmenims

Ingridientai

500 gramų žalių pomidorų

1 arbatinis šaukštelis rafinuoto augalinio aliejaus

žiupsnelis asafetidos

3 nedideli svogūnai, smulkiai pjaustyti

10 česnako skiltelių, susmulkintų

250 gramų pikantiško*

1 arbatinis šaukštelis pankolio sėklų

1 arbatinis šaukštelis maltos kalendros

¼ arbatinio šaukštelio ciberžolės

¼ arbatinio šaukštelio garam masala

½ arbatinio šaukštelio čili miltelių

1 arbatinis šaukštelis citrinos sulčių

Druska pagal skonį

Padažui:

3 kepti svogūnai

2 kepti pomidorai

1 cm imbiero šaknis

2 žalios paprikos

1 arbatinis šaukštelis jogurto

1 arbatinis šaukštelis grietinėlės

žiupsnelis asafetidos

1 arbatinis šaukštelis kmynų

2 lauro lapai

Druska pagal skonį

2 arbatiniai šaukšteliai rafinuoto augalinio aliejaus

150 g minkšto ožkos sūrio, sutrupinto

1 valgomasis šaukštas smulkiai pjaustytų kalendros lapelių

metodas

- Naudodami peilį, padarykite kryžių ant pomidoro viršutinės dalies ir perpjaukite, palikdami apatinę nepažeistą. Pakartokite su visais pomidorais. Padėkite į šalį.
- Puode įkaitinkite aliejų. Pridėti asantida. Palikite 10 sekundžių.
- Sudėkite svogūnus ir česnakus. Kepkite juos ant vidutinės ugnies, kol svogūnai taps skaidrūs.
- Įpilkite bezano, pankolio sėklų, maltos kalendros, ciberžolės, garam masala ir čili miltelių. Kepkite dar 1-2 minutes.

- Įpilkite citrinos sulčių ir druskos. Gerai ismaisyti. Nukelkite nuo ugnies ir šiuo mišiniu užpildykite supjaustytus pomidorus. Įdarytus pomidorus atidėkite į šalį.
- Sumaišykite visus padažo ingredientus, išskyrus aliejų, ožkos sūrį ir kalendros lapelius, kol susidarys vienalytė pasta. Padėkite į šalį.
- Įkaitinkite 1 arbatinį šaukštelį aliejaus. Sudėkite ožkos sūrį. Kepkite ant vidutinės ugnies iki auksinės rudos spalvos. Padėkite į šalį.
- Kitame puode įkaitinkite likusį aliejų. Įpilkite malto padažo pastos. Virkite mišinį ant vidutinės-stiprios ugnies 4-5 minutes, periodiškai maišydami.
- Sudėkite įdarytus pomidorus. Gerai ismaisyti. Uždenkite puodą dangčiu ir virkite mišinį ant vidutinės-stiprios ugnies 4-5 minutes.
- Ant basant bahar užbarstykite kalendros lapelių ir kepto ožkos sūrio. Patiekite karštą.

Palak Kofta

(špinatų kotletai padaže)

4 asmenims

Ingridientai

Dėl koftos:

300 g smulkiai pjaustytų špinatų

1 cm imbiero šaknis

1 žalias čili

1 skiltelė česnako

Druska pagal skonį

½ arbatinio šaukštelio garam masala

30 g ožkos sūrio, nusausinto

2 šaukštai pupelių*, kepta mėsa

4 šaukštai rafinuoto augalinio aliejaus, plius papildomai kepimui

Padažui:

½ arbatinio šaukštelio kmynų

1 colio imbiero šaknis

2 skiltelės česnako

¼ arbatinio šaukštelio kalendros sėklų

2 nedideli svogūnai, susmulkinti

Žiupsnelis čili miltelių

¼ arbatinio šaukštelio ciberžolės

½ pomidoro, tyrės

Druska pagal skonį

120 ml vandens

2 šaukštai grietinėlės

1 valgomasis šaukštas smulkiai pjaustytų kalendros lapelių

metodas

- Koftams puode sumaišykite špinatus, imbierą, žalią čili, česnaką ir druską. Virkite šį mišinį ant vidutinės ugnies 15 minučių. Nusausinkite ir trinkite, kol susidarys vientisa pasta.
- Minkykite šią pastą su visais likusiais kofta ingredientais, išskyrus aliejų, kol susidarys tvirta tešla. Šią tešlą padalinkite į graikinio riešuto dydžio rutuliukus.
- Puode įkaitinkite aliejų kepimui. pridėti kulkų. Kepkite juos ant vidutinės ugnies iki auksinės rudos spalvos. Nusausinkite juos ir atidėkite į šalį.
- Padažui susmulkinkite kmynus, imbierą, česnaką ir kalendros sėklas. Padėkite į šalį.
- Puode įkaitinkite 4 šaukštus aliejaus. Sudėkite pjaustytus svogūnus. Kepkite ant silpnos ugnies iki auksinės rudos spalvos. Įpilkite imbiero ir kmynų pastos. Pakepinkite dar minutę.

- Suberkite čili miltelius, ciberžolę ir pomidorų tyrę. Gerai ismaisyti. Kepkite dar 2-3 minutes.
- Įpilkite druskos ir vandens. Gerai ismaisyti. Uždenkite dangčiu ir nuolat maišydami troškinkite 5-6 minutes.
- Atidenkite ir pridėkite koftas. Virkite ant silpnos ugnies dar 5 minutes.
- Papuoškite plakta grietinėle ir kalendros lapeliais. Patiekite karštą.

Kofta kopūstas

(kopūstų kukuliai padaže)

4 asmenims

Ingridientai

Dėl koftos:

100 g susmulkintų kopūstų

4 didelės bulvės, virtos

1 arbatinis šaukštelis kmynų

1 arbatinis šaukštelis imbiero pastos

2 smulkiai pjaustytos žalios paprikos

1 arbatinis šaukštelis citrinos sulčių

Druska pagal skonį

Rafinuotas augalinis aliejus kepimui

Padažui:

1 valgomasis šaukštas sviesto

3 nedideli svogūnai, smulkiai pjaustyti

4 skiltelės česnako

4-6 pomidorai, smulkiai pjaustyti

¼ arbatinio šaukštelio ciberžolės

1 arbatinis šaukštelis čili miltelių

1 arbatinis šaukštelis cukraus

250 ml vandens

Druska pagal skonį

1 valgomasis šaukštas smulkiai pjaustytų kalendros lapelių

metodas

- Sumaišykite visus koftos ingredientus, išskyrus aliejų, į vientisą tešlą. Tešlą padalinkite į graikinio riešuto dydžio rutuliukus.
- Puode įkaitinkite aliejų. Kepkite rutuliukus ant vidutinės ugnies iki auksinės rudos spalvos. Nusausinkite ir laikykite.
- Padažui puode įkaitinkite sviestą. Sudėkite svogūnus ir česnakus. Kepkite juos ant vidutinės ugnies iki auksinės rudos spalvos.
- Suberkite pomidorus, ciberžolę ir čili miltelius. Kepkite mišinį 4-5 minutes.
- Įpilkite cukraus, vandens ir druskos. Gerai ismaisyti. Uždenkite dangčiu ir virkite ant silpnos ugnies 6-7 minutes.
- Sudėkite keptus kofta rutuliukus. Virkite ant silpnos ugnies 5-6 minutes.
- Kopūstų koftą papuoškite kalendros lapeliais. Patiekite karštą.

kootto

(Žaliųjų bananų karis)

4 asmenims

Ingridientai

2 šaukštai tarkuoto šviežio kokoso

½ arbatinio šaukštelio kmynų

2 žalios paprikos

1 valgomasis šaukštas ilgagrūdžių ryžių, mirkyti 15 minučių

500 ml vandens

200 g / 7 uncijos žalio banano, nulupto ir supjaustyto kubeliais

Druska pagal skonį

2 arbatinius šaukštelius kokosų aliejaus

½ arbatinio šaukštelio garstyčių sėklų

½ arbatinio šaukštelio urad dal*

žiupsnelis asafetidos

8-10 kario lapelių

metodas

- Kokosą, kmynus, žaliuosius čili pipirus ir ryžius sutrinkite su 4 šaukštais vandens iki vientisos masės. Padėkite į šalį.
- Bananą sumaišykite su likusiu vandeniu ir druska. Virkite šį mišinį puode ant vidutinės-stiprios ugnies 10-12 minučių.
- Sudėkite kokoso ir kmynų pastą. Virkite 2-3 minutes. Padėkite į šalį.
- Puode įkaitinkite aliejų. Sudėkite garstyčių sėklas, urad dhal, asafetida ir kario lapus. Leiskite jiems šnypšti 30 sekundžių.
- Supilkite šį mišinį į bananų karį. Gerai ismaisyti. Patiekite karštą.

PRANEŠIMAS:*Taip pat žaliuosius gysločius galite pakeisti baltuoju moliūgu arba moliūgu.*

Paneer butter masala

4 asmenims

Ingridientai

Rafinuotas augalinis aliejus kepimui

500g / 1lb 2oz paneler*, Sukapotas

1 didelė morka, smulkiai pjaustyta

100 g šparaginių pupelių, smulkiai pjaustytų

200 g šaldytų žirnelių

3 žalios paprikos, maltos

Druska pagal skonį

1 valgomasis šaukštas smulkiai pjaustytų kalendros lapelių

Padažui:

1 colio imbiero šaknis

4 skiltelės česnako

4 žalios paprikos

1 arbatinis šaukštelis kmynų

3 šaukštai sviesto

2 nedideli svogūnai, susmulkinti

4 pomidorai, sutrinti

1 arbatinis šaukštelis kukurūzų miltų

300 gramų jogurto

2 arbatinius šaukštelius cukraus

½ arbatinio šaukštelio garam masala

250 ml vandens

Druska pagal skonį

metodas

- Puode įkaitinkite aliejų. Pridėkite plokštės gabalėlius. Kepkite juos ant vidutinės ugnies iki auksinės rudos spalvos. Nusausinkite juos ir atidėkite į šalį.
- Sumaišykite morkas, šparagines pupeles ir žirnelius. Šį mišinį virkite garuose ant vidutinės ugnies 8-10 minučių.
- Įpilkite žalių čili ir druskos. Gerai ismaisyti. Padėkite į šalį.
- Padažui imbierą, česnaką, žaliąsias paprikas ir kmynus sutrinkite iki vientisos masės.
- Puode įkaitinkite sviestą. Sudėkite svogūnus. Kepkite juos ant vidutinės ugnies, kol taps skaidrūs.
- Įdėkite imbiero česnako pastą ir pomidorus. Pakepinkite dar minutę.
- Įpilkite kukurūzų krakmolo, jogurto, cukraus, garam masala, vandens ir druskos. Maišykite mišinį 4-5 minutes.

- Įpilkite garuose virtų daržovių mišinio ir kepto panerio. Gerai ismaisyti. Uždenkite dangčiu ir virkite mišinį ant silpnos ugnies 2-3 minutes.

- Papuoškite paneer masala sviestą kalendros lapeliais. Patiekite karštą.

Moras Kolambu

(mišrios daržovės Pietų Indijos stiliumi)

4 asmenims

Ingridientai

2 arbatinius šaukštelius kokosų aliejaus

2 vidutiniai baklažanai, supjaustyti kubeliais

2 indiškos blauzdelės*, Sukapotas

100 g / 3½ uncijos moliūgų*, supjaustytų kubeliais

100 g okra ankščių

Druska pagal skonį

200 gramų jogurto

250 ml vandens

10 kario lapelių

Prieskonių mišiniui:

2 šaukštai Mungo Dal*, mirkyti 10 min

1 valgomasis šaukštas kalendros sėklų

½ arbatinio šaukštelio kmynų

4-5 ožragės sėklos

½ arbatinio šaukštelio garstyčių sėklų

½ arbatinio šaukštelio basmati ryžių

2 arbatinius šaukštelius tarkuoto šviežio kokoso

metodas
- Sumaišykite visus prieskonių mišinio ingredientus. Padėkite į šalį.
- Puode įkaitinkite kokosų aliejų. Įpilkite baklažanų, blauzdelių, moliūgų, okra ir druskos. Šį mišinį kepkite ant vidutinės ugnies 4-5 minutes.
- Sudėkite prieskonių mišinį. Kepkite 4-5 minutes.
- Įpilkite jogurto ir vandens. Gerai ismaisyti. Uždenkite dangčiu ir virkite ant silpnos ugnies 7-8 minutes.
- Papuoškite Mor Kolambu kario lapeliais. Patiekite karštą.

Aloo Gobhi aur Methi ka Tuk

(Sindi stiliaus bulvės, žiediniai kopūstai ir ožragė)

4 asmenims

Ingridientai

500 ml vandens

Druska pagal skonį

4 didelės neluptos bulvės, supjaustytos 5 cm gabalėliais

20 g šviežių ožragės lapų

3 šaukštai rafinuoto augalinio aliejaus

1 valgomasis šaukštas garstyčių sėklų

2-4 kario lapeliai

1 valgomasis šaukštas imbiero pastos

1 arbatinis šaukštelis česnako pasta

800 g žiedinių kopūstų žiedynų

1 arbatinis šaukštelis čili miltelių

1 arbatinis šaukštelis amchoro*

½ arbatinio šaukštelio maltų kmynų

½ arbatinio šaukštelio stambiai maltų juodųjų pipirų

Didelis žiupsnelis džiovintų ožragės lapų

2 šaukštai šviežių granatų sėklų

metodas

- Supilkite vandenį į puodą, pasūdykite ir užvirinkite.
- Sudėkite bulves ir virkite, kol suminkštės. Nusausinkite bulves ir atidėkite į šalį.
- Šviežius ožragės lapus įtrinkite druska, kad sumažintumėte jų kartumą. Nuplaukite ir nusausinkite lapus. Padėkite į šalį.
- Puode įkaitinkite aliejų. Sudėkite garstyčių sėklas ir kario lapelius. Palikite 15 sekundžių.
- Įpilkite imbiero pastos ir česnako pastos. Kepkite mišinį ant vidutinės ugnies vieną minutę.
- Sudėkite žiedinių kopūstų žiedynus, čili miltelius, amchorą, maltus kmynus, pipirus ir džiovintus ožragės lapus. Kepkite dar 3-4 minutes.
- Sudėkite bulves ir šviežius ožragės lapus. Troškinkite mišinį ant silpnos ugnies 7-8 minutes.
- Papuoškite granatų sėklomis. Patiekite karštą.

Paukštis

(Mišrios Pietų Indijos daržovės)

4 asmenims

Ingridientai

400 g natūralaus jogurto

1 arbatinis šaukštelis kmynų

100 g / 3½ uncijos tarkuoto šviežio kokoso

Druska pagal skonį

4 arbatiniai šaukšteliai kalendros lapelių, smulkiai pjaustytų

750 ml / 1¼ pintos vandens

100 g / 3½ uncijos moliūgų*, susmulkintų

200 g / 7 uncijos šaldytų daržovių mišinių

¼ arbatinio šaukštelio ciberžolės

4 žalios paprikos, supjaustytos išilgai

120 ml / 4 fl oz rafinuoto augalinio aliejaus

¼ arbatinio šaukštelio garstyčių sėklų

10 kario lapelių

žiupsnelis asafetidos

2 džiovintos raudonosios paprikos

metodas

- Jogurtą išplakti su kmynais, kokosu, druska, kalendros lapeliais ir 250 ml vandens. Padėkite į šalį.
- Giliame puode sumaišykite moliūgą ir daržovių mišinį su druska, 500 ml / 16 fl oz vandens ir ciberžole. Virkite šį mišinį ant vidutinės ugnies 10-15 minučių. Padėkite į šalį.
- Įpilkite jogurto mišinio ir žaliųjų paprikų ir virkite 10 minučių, dažnai maišydami. Padėkite į šalį.
- Puode įkaitinkite aliejų. Sudėkite likusius ingredientus. Leiskite jiems šnypšti 30 sekundžių.
- Supilkite tai į daržovių mišinį. Gerai ismaisyti. Virkite ant silpnos ugnies 1-2 minutes.
- Patiekite karštą.

Pasukų karis

4 asmenims

Ingridientai

400 gramų jogurto

250 ml vandens

3 arbatiniai šaukšteliai bezano*

2 žalios paprikos, supjaustytos išilgai

10 kario lapelių

Druska pagal skonį

1 valgomasis šaukštas ghi

½ arbatinio šaukštelio kmynų

6 česnako skiltelės, susmulkintos

2 dantys

2 raudonos paprikos

žiupsnelis asafetidos

½ arbatinio šaukštelio ciberžolės

1 arbatinis šaukštelis čili miltelių

2 šaukštai smulkiai pjaustytų kalendros lapelių

metodas

- Puode sumaišykite jogurtą, vandenį ir bezaną. Įsitikinkite, kad nesusidaro gabalėlių.
- Įpilkite žalių čili, kario lapelių ir druskos. Virkite šį mišinį ant mažos ugnies 5-6 minutes, retkarčiais pamaišydami. Padėkite į šalį.
- Puode įkaitinkite ghi. Suberkite kmynus ir česnaką. Kepkite juos ant vidutinės ugnies minutę.
- Įpilkite gvazdikėlių, raudonųjų čili pipirų, asafetidos, ciberžolės ir čili miltelių. Gerai ismaisyti. Kepkite šį mišinį 1 minutę.
- Supilkite tai į jogurto karį. Virkite ant silpnos ugnies 4-5 minutes.
- Papuoškite karį kalendros lapeliais. Patiekite karštą.

Žiedinių kopūstų kremas su kariu

4 asmenims

Ingridientai

1 arbatinis šaukštelis kmynų

3 žalios paprikos, supjaustytos išilgai

1 cm imbiero šaknis, tarkuota

150 gramų ghi

500 g žiedinių kopūstų žiedynų

3 didelės bulvės, supjaustytos kubeliais

2 pomidorai, smulkiai pjaustyti

125 g šaldytų žirnelių

2 arbatinius šaukštelius cukraus

750 ml / 1¼ pintos vandens

Druska pagal skonį

250 ml / 8 fl oz skystas kremas

1 arbatinis šaukštelis garam masala

25 g kalendros lapelių, smulkiai pjaustytų

metodas

- Kmynus, žaliąsias paprikas ir imbierą sutrinkite į pastą. Padėkite į šalį.
- Puode įkaitinkite ghi. Sudėkite žiedinius kopūstus ir bulves. Kepkite juos ant vidutinės ugnies iki auksinės rudos spalvos.
- Įdėkite kmynų ir aitriosios paprikos pastos. Kepkite 2-3 minutes.
- Sudėkite pomidorus ir žirnius. Gerai ismaisyti. Kepkite šį mišinį 3-4 minutes.
- Įpilkite cukraus, vandens, druskos ir grietinėlės. Gerai ismaisyti. Uždenkite dangčiu ir virkite ant silpnos ugnies 10-12 minučių.
- Ant kario išbarstykite garam masala ir kalendros lapelius. Patiekite karštą.

žirnių naudojimas

(masala žirniai)

3 porcijoms

Ingridientai

1 valgomasis šaukštas rafinuoto augalinio aliejaus

¼ arbatinio šaukštelio garstyčių sėklų

¼ arbatinio šaukštelio kmynų

¼ arbatinio šaukštelio čili miltelių

¼ arbatinio šaukštelio garam masala

2 žalios paprikos, supjaustytos išilgai

500 g / 1 svaras 2 uncijos šviežių žirnelių

2 šaukštai vandens

Druska pagal skonį

1 valgomasis šaukštas tarkuoto šviežio kokoso

10 g / ¼ uncijos kalendros lapų, smulkiai pjaustytų

metodas

- Puode įkaitinkite aliejų. Suberkite garstyčių sėklas ir kmynus. Palikite 15 sekundžių.
- Suberkite čili miltelius, garam masala ir žaliuosius čili. Kepkite mišinį ant vidutinės ugnies vieną minutę.
- Įpilkite žirnelių, vandens ir druskos. Gerai ismaisyti. Virkite mišinį ant silpnos ugnies 7-8 minutes.
- Papuoškite kokoso ir kalendros lapeliais. Patiekite karštą.

Aloo Posto

(bulvės su aguonomis)

4 asmenims

Ingridientai

2 šaukštai garstyčių aliejaus

1 arbatinis šaukštelis kmynų

4 šaukštai sumaltų aguonų

4 susmulkintos žalios paprikos

½ arbatinio šaukštelio ciberžolės

Druska pagal skonį

6 bulvės, virtos ir supjaustytos kubeliais

2 šaukštai smulkiai pjaustytų kalendros lapelių

metodas

- Puode įkaitinkite aliejų. Suberkite kmynų sėklas. Palikite 15 sekundžių.
- Įpilkite maltų aguonų, žaliųjų čili pipirų, ciberžolės ir druskos. Kepkite mišinį keletą sekundžių.
- Sudėkite bulves. Gerai ismaisyti. Kepkite mišinį 3-4 minutes.
- Papuoškite kalendros lapeliais. Patiekite karštą.

Žalia Vėmimas

(paneris špinatų padaže)

4 asmenims

Ingridientai

1 valgomasis šaukštas rafinuoto augalinio aliejaus

50 g panelės*, kubeliais

1 arbatinis šaukštelis kmynų

1 žalia čili, supjaustyta išilgai

1 mažas svogūnas smulkiai pjaustytas

200 g špinatų, virtų ir sumaltų

1 arbatinis šaukštelis citrinos sulčių

cukraus pagal skonį

Druska pagal skonį

metodas

- Puode įkaitinkite aliejų. Įdėkite paneer ir kepkite iki auksinės rudos spalvos. Nusausinkite ir laikykite.
- Į tą patį aliejų suberkite kmynų sėklas, žaliąją čili ir svogūną. Kepkite juos ant vidutinės ugnies, kol svogūnas taps auksinis.
- Sudėkite likusius ingredientus. Mišinį gerai išmaišykite. Virinama 5 minutes.
- Šį mišinį kurį laiką palikite atvėsti. Virtuviniu kombainu sutrinkite iki rupios pastos.
- Sudėkite į puodą ir suberkite apkeptus panerio gabalėlius. Švelniai išmaišykite. Virkite ant silpnos ugnies 3-4 minutes. Patiekite karštą.

nužudyti Paneer

(žirniai ir panelė)

4 asmenims

Ingridientai

1½ šaukšto ghi

Paneris 250g / 9oz*, Sukapotas

2 lauro lapai

½ arbatinio šaukštelio čili miltelių

¼ arbatinio šaukštelio ciberžolės

1 arbatinis šaukštelis maltos kalendros

½ arbatinio šaukštelio maltų kmynų

400 gramų virtų žirnių

2 dideli pomidorai, blanširuoti

5 anakardžių riešutai, sumalti į pastą

2 šaukštai graikiško jogurto

Druska pagal skonį

metodas

- Puode įkaitinkite pusę ghi. Sudėkite paneer gabaliukus ir kepkite ant vidutinės ugnies iki auksinės rudos spalvos. Padėkite į šalį.
- Puode įkaitinkite likusį ghi. Suberkite lauro lapus, čili miltelius, ciberžolę, kalendrą ir kmynus. Leiskite jiems šnypšti 30 sekundžių.
- Sudėkite žirnelius ir pomidorus. Kepkite 2-3 minutes.
- Sudėkite anakardžių riešutų pastą, jogurtą, druską ir apkeptus gabalėlius. Gerai ismaisyti. Leiskite mišiniui virti 10 minučių, retkarčiais pamaišydami. Patiekite karštą.

Dahi Karela

(Keptas kartaus moliūgas jogurte)

4 asmenims

Ingridientai

250g / 9oz karčiojo moliūgo*, nulupkite ir perpjaukite išilgai

Druska pagal skonį

1 arbatinis šaukštelis amchoro*

2 šaukštai rafinuoto augalinio aliejaus, plius papildomai kepimui

2 dideli svogūnai, smulkiai pjaustyti

½ arbatinio šaukštelio česnako pastos

½ arbatinio šaukštelio imbiero pastos

400 gramų jogurto

1½ arbatinio šaukštelio maltos kalendros

1 arbatinis šaukštelis čili miltelių

½ arbatinio šaukštelio ciberžolės

½ arbatinio šaukštelio garam masala

250 ml vandens

metodas

- Karčiąjį moliūgą pamarinuokite su druska ir palikite valandą pailsėti. Puode įkaitinkite aliejų kepimui. Pridėti moliūgą. Kepkite ant vidutinės ugnies iki auksinės rudos spalvos. Nusausinkite ir laikykite.
- Puode įkaitinkite 2 šaukštus aliejaus. Sudėkite svogūnus, česnako pastą ir imbiero pastą. Kepkite ant vidutinės ugnies, kol svogūnai taps auksinės spalvos.
- Sudėkite likusius ingredientus ir karčiąjį moliūgą. Gerai ismaisyti. Virkite mišinį ant silpnos ugnies 7-8 minutes. Patiekite karštą.

Pomidorų karis su daržovėmis

4 asmenims

Ingridientai

3 šaukštai rafinuoto augalinio aliejaus

Žiupsnelis garstyčių sėklų

Žiupsnelis kmynų

žiupsnelis asafetidos

8 kario lapeliai

4 smulkiai supjaustytos žalios paprikos

200 g / 7 uncijos šaldytų daržovių mišinių

750 g pomidorų, sutrintų

4 šaukštai pupelių*

Druska pagal skonį

metodas

- Puode įkaitinkite aliejų. Įpilkite garstyčių sėklų, kmynų, asafetidos, kario lapų ir čili. Palikite 15 sekundžių.
- Sudėkite daržoves, pomidorų tyrę, bezaną ir druską. Gerai ismaisyti. Troškinkite ant silpnos ugnies 8-10 minučių, retkarčiais pamaišydami. Patiekite karštą.

Doodhi su Chana Dhal

(Butelių moliūgas Gram Dhal)

4 asmenims

Ingridientai

1 arbatinis šaukštelis rafinuoto augalinio aliejaus

¼ arbatinio šaukštelio garstyčių sėklų

500 g / 1 svaras 2 uncijų butelinis moliūgas*, kubeliais

1 valgomasis šaukštas Chana Dahal*, pamirkyti 1 val. ir nusausinti

2 pomidorai, smulkiai pjaustyti

žiupsnelis ciberžolės

2 arbatinius šaukštelius rudojo cukraus*, tarkuotas

½ arbatinio šaukštelio čili miltelių

Druska pagal skonį

120 ml vandens

10 g / ¼ uncijos kalendros lapų, smulkiai pjaustytų

metodas

- Puode įkaitinkite aliejų. Sudėkite garstyčių sėklas. Palikite 15 sekundžių.
- Sudėkite likusius ingredientus, išskyrus vandenį ir kalendros lapus. Gerai ismaisyti. Kepkite 4-5 minutes. Įpilkite vandens. Virkite ant silpnos ugnies 30 minučių.
- Papuoškite kalendros lapeliais. Patiekite karštą.

Pomidorų Chi Bhaji*

(pomidorų karis)

4 asmenims

Ingridientai

250 g skrudintų žemės riešutų

3 žalios paprikos

6 dideli pomidorai, blanširuoti ir supjaustyti

1½ šaukšto tamarindo pastos

1 valgomasis šaukštas rudojo cukraus*, tarkuotas

1 arbatinis šaukštelis garam masala

1 arbatinis šaukštelis maltų kmynų

½ arbatinio šaukštelio čili miltelių

Druska pagal skonį

1 valgomasis šaukštas smulkiai pjaustytų kalendros lapelių

metodas

- Žemės riešutus ir žaliąsias paprikas sutrinkite iki vientisos masės.
- Sumaišykite likusius ingredientus, išskyrus kalendros lapus. Virkite šį mišinį puode ant vidutinės-stiprios ugnies 5-6 minutes.
- Papuoškite bhaji kalendros lapeliais. Patiekite karštą.

džiovintos bulvės

4 asmenims

Ingridientai

1 valgomasis šaukštas rafinuoto augalinio aliejaus

½ arbatinio šaukštelio garstyčių sėklų

3 žalios paprikos, supjaustytos išilgai

8-10 kario lapelių

¼ arbatinio šaukštelio Asantida

¼ arbatinio šaukštelio ciberžolės

Druska pagal skonį

500 g bulvių, virtų ir supjaustytų kubeliais

10 g / ¼ uncijos kalendros lapų, smulkiai pjaustytų

metodas

- Puode įkaitinkite aliejų. Sudėkite garstyčių sėklas. Palikite 15 sekundžių.
- Įpilkite žaliųjų čili pipirų, kario lapelių, asafetidos, ciberžolės ir druskos. Šį mišinį kepkite ant vidutinės ugnies vieną minutę.

- Sudėkite bulves. Gerai ismaisyti. Uždenkite dangčiu ir virkite 5 minutes.
- Bulvių mišinį papuoškite kalendros lapeliais. Patiekite karštą.

Įdaryta okra

4 asmenims

Ingridientai

1 valgomasis šaukštas maltos kalendros

6 skiltelės česnako

50 g / 1¾oz šviežio kokoso, smulkiai sutarkuoto

1 cm imbiero šaknis

4 žalios paprikos

6 šaukštai pupelių*

1 didelis svogūnas, smulkiai pjaustytas

1 arbatinis šaukštelis maltų kmynų

½ arbatinio šaukštelio čili miltelių

½ arbatinio šaukštelio ciberžolės

Druska pagal skonį

750 g didelės okraos, perpjautos per pusę

60 ml / 2 fl oz rafinuoto augalinio aliejaus

metodas

- Kalendrą, česnaką, kokosą, imbierą ir žaliąsias paprikas sutrinkite iki vientisos masės. Sumaišykite šią pastą su likusiais ingredientais, išskyrus okra ir aliejų.
- Užpildykite okra šiuo mišiniu.
- Keptuvėje įkaitinkite aliejų. Sudėkite įdarytas okra. Kepkite ant vidutinės ugnies iki auksinės rudos spalvos, retkarčiais apversdami. Patiekite karštą.

Masala okra

4 asmenims

Ingridientai

2 šaukštai rafinuoto augalinio aliejaus

2 česnako skiltelės smulkiai pjaustytos

½ arbatinio šaukštelio čili miltelių

¼ arbatinio šaukštelio ciberžolės

½ arbatinio šaukštelio maltos kalendros

½ arbatinio šaukštelio maltų kmynų

600 g okra, susmulkinta

Druska pagal skonį

metodas

- Puode įkaitinkite aliejų. Sudėkite česnaką. Kepkite ant vidutinės ugnies iki auksinės rudos spalvos. Sudėkite likusius ingredientus, išskyrus okra ir druską. Gerai ismaisyti. Kepkite šį mišinį 1-2 minutes.
- Įpilkite okra ir druskos. Troškinkite mišinį ant silpnos ugnies 3-4 minutes. Patiekite karštą.

tiesiog nužudyk

(Karis su žaliaisiais pipirais ir žirneliais)

4 asmenims

Ingridientai

2 šaukštai rafinuoto augalinio aliejaus

3 nedideli svogūnai, smulkiai pjaustyti

2 smulkiai pjaustytos žalios paprikos

1 arbatinis šaukštelis imbiero pastos

1 arbatinis šaukštelis česnako pasta

2 didelės žaliosios paprikos, supjaustytos kubeliais

600 g šaldytų žirnelių

250 ml vandens

Druska pagal skonį

1 valgomasis šaukštas tarkuoto šviežio kokoso

½ arbatinio šaukštelio malto cinamono

metodas

- Puode įkaitinkite aliejų. Sudėkite svogūnus. Kepkite juos ant vidutinės ugnies iki auksinės rudos spalvos.
- Įpilkite žalių čili, imbiero pastos ir česnako pastos. Kepkite 1-2 minutes.
- Sudėkite pipirus ir žirnelius. Kepkite dar 5 minutes.
- Įpilkite vandens ir druskos. Gerai ismaisyti. Uždenkite dangčiu ir virkite ant silpnos ugnies 8-10 minučių.
- Papuoškite kokosu ir cinamonu. Patiekite karštą.

Žaliosios pupelės

4 asmenims

Ingridientai

3 šaukštai rafinuoto augalinio aliejaus

¼ arbatinio šaukštelio kmynų

¼ arbatinio šaukštelio ciberžolės

½ arbatinio šaukštelio čili miltelių

1 arbatinis šaukštelis maltos kalendros

1 arbatinis šaukštelis maltų kmynų

1 arbatinis šaukštelis cukraus

Druska pagal skonį

500 g prancūziškų pupelių, smulkiai pjaustytų

120 ml vandens

metodas

- Puode įkaitinkite aliejų. Suberkite kmynus ir ciberžolę. Palikite 15 sekundžių.
- Sudėkite likusius ingredientus, išskyrus vandenį. Gerai ismaisyti.
- Įpilkite vandens. Uždenkite dangteliu. Virkite ant silpnos ugnies 10-12 minučių. Patiekite karštą.

Masala blauzdelės

4 asmenims

Ingridientai

2 šaukštai rafinuoto augalinio aliejaus

2 nedideli svogūnai, smulkiai pjaustyti

½ arbatinio šaukštelio imbiero pastos

1 pomidoras, smulkiai pjaustytas

1 smulkiai pjaustyta žalia čili

1 arbatinis šaukštelis maltų kmynų

1 arbatinis šaukštelis maltos kalendros

½ arbatinio šaukštelio ciberžolės

¾ arbatinio šaukštelio čili miltelių

4 indiškos blauzdelės*, supjaustyti 5 cm gabalėliais

Druska pagal skonį

250 ml vandens

1 valgomasis šaukštas smulkiai pjaustytų kalendros lapelių

metodas

- Puode įkaitinkite aliejų. Sudėkite svogūnus ir imbiero pastą. Kepkite juos ant vidutinės ugnies, kol svogūnai taps skaidrūs.
- Sudėkite likusius ingredientus, išskyrus vandenį ir kalendros lapus. Gerai ismaisyti. Kepkite 5 minutes. Įpilkite vandens. Gerai ismaisyti. Uždenkite dangteliu. Virkite ant silpnos ugnies 10-15 minučių.
- Masala kojeles papuoškite kalendros lapeliais. Patiekite karštą.

Sausos aštrios bulvės

4 asmenims

Ingridientai

750 g bulvių, virtų ir supjaustytų kubeliais

½ arbatinio šaukštelio chaat masala*

½ arbatinio šaukštelio čili miltelių

¼ arbatinio šaukštelio ciberžolės

3 šaukštai rafinuoto augalinio aliejaus

1 arbatinis šaukštelis baltojo sezamo

2 džiovintos raudonosios paprikos, supjaustytos ketvirčiais

Druska pagal skonį

½ arbatinio šaukštelio maltų kmynų, sausai skrudintų

10 g / ¼ uncijos kalendros lapų, smulkiai pjaustytų

½ citrinos sulčių

metodas

- Sumaišykite bulves su chaat masala, čili milteliais ir ciberžole, kol prieskoniai padengs bulves. Padėkite į šalį.
- Puode įkaitinkite aliejų. Įpilkite sezamo sėklų ir raudonųjų čili pipirų. Palikite 15 sekundžių.
- Įpilkite bulvių ir druskos. Gerai ismaisyti. Virkite ant silpnos ugnies 7-8 minutes. Ant viršaus išbarstykite likusius ingredientus. Patiekite karštą.

Khatte Palak

(aštrūs špinatai)

4 asmenims

Ingridientai

3 šaukštai rafinuoto augalinio aliejaus

1 didelis svogūnas sutarkuotas

½ arbatinio šaukštelio imbiero pastos

½ arbatinio šaukštelio česnako pastos

400 g smulkiai pjaustytų špinatų

2 smulkiai pjaustytos žalios paprikos

½ arbatinio šaukštelio ciberžolės

1 arbatinis šaukštelis maltų kmynų

Druska pagal skonį

125 g jogurto, išplakto

metodas

- Puode įkaitinkite aliejų. Įpilkite svogūnų, imbiero ir česnako pastos. Šį mišinį pakepinkite ant vidutinės ugnies, kol svogūnai taps skaidrūs.
- Sudėkite likusius ingredientus, išskyrus jogurtą. Gerai ismaisyti. Virkite ant silpnos ugnies 7-8 minutes.
- Sudėkite jogurtą. Gerai ismaisyti. Virkite ant silpnos ugnies 4-5 minutes. Patiekite karštą.

www.ingramcontent.com/pod-product-compliance
Lightning Source LLC
Chambersburg PA
CBHW071432080526
44587CB00014B/1817